国鉄旅客列車の記録
記録
【客車列車編】

諸河 久・寺本光照

2レ　長崎・佐世保発東京行き特急「さくら」EF66　14系客車　14連　*1985.4.1*　東海道本線　三島〜函南

.....Contents

3001レ　新大阪発都城行き特急「彗星」ED76　24系25型客車　7連　1984.2.6　日豊本線 川南〜高鍋

数日前に実施されたダイヤ改正で、583系寝台電車の仲間を失い登場時の1往復運転に戻った「彗星」が九州最長の806mを誇る小丸川橋梁を行く。ED76型の赤とブルートレインの対比は鮮やかだが、電源荷物車カニ24を除けば二段B寝台車6両だけの24系25型客車も、何だか寂しげな感じだ。

はじめに

　筆者は1960年代から国鉄列車の撮影に親しんできた。とりわけ東海道新幹線開通前の東海道本線は、151系特急電車が東京～大阪間を疾駆する戦後の黄金時代であった。1963年から翌1964年にかけて、及ばずながら東海道本線の優等列車撮影に熱中していた。

　以来、半世紀に及ぶ鉄道写真歴の中で、全国に四通八達する国鉄線で撮影した列車写真は、自身のアーカイブスの中で大きな割合を占めている。

　かねてから、端正な国鉄列車写真とその出自を解説する出版物を構想してきた。今般、株式会社　フォト・パブリッシングから、この構想を実現する出版のお勧めをいただき、アナログ作品のデジタルリマスター化を進捗するなど、「本造り」に向けて邁進してきた。

　掲載した国鉄列車の解説には、このジャンルの泰斗である寺本光照氏を共著者に迎えて、該当列車の出自や列車編成図など、精緻な解説を記述していただいた。

　国鉄列車を一冊で纏めるには膨大な頁数が予想されるため、機関車牽引の動力集中型と電車・気動車の動力分散型に二分し、「客車列車編」「電車・気動車列車編」の二分冊にして上梓した。

　往年の重厚・長大な国鉄列車の魅力を作品・解説の双方でお楽しみいただければ、著者らの本望である。

諸河 久

　幼少の頃から鉄道に興味を抱いてきた筆者が、本格的に趣味の対象として鉄道情報誌を読んだり、鉄道写真を撮影したりするのは、高校に入学した1965年のことである。鉄道写真家の諸河久氏とは、氏が鉄道雑誌「鉄道ファン」のスタッフだった1971年10月に、東京都内でお会いして以来、半世紀にわたってお付き合いをさせていただいている。

　その間、筆者は国鉄・JR関連では鉄道運輸運転史、平たく言えば列車の歴史を綴った著書を何冊か刊行させていただいてきたが、かねてから諸河氏の列車写真に、解説文や編成図を添えた資料的な列車写真集を共著で出版することを、念願としてきた。

　今回縁があって、その仕事をさせていただくことになったが、実際に諸河氏が撮影された写真は、すべて丹精を凝らした見事な作品ばかりで、筆者としてもそれに応えられる解説文を書かねばと、良い意味でのプレッシャーを感じたものである。また、列車編成図の作成には写真で調べるとともに、列車史関係の書物や「国鉄監修時刻表」、「車両配置表」を動員し、それも撮影年月に近いものを選ぶことで、形式の特定に万全を期すようにした。

　本書は、はからずも筆者にとって共著・編著を含め40冊目の著書となった。この節目となる書籍を諸河氏との共著で上梓できたことは、この上なく喜ばしい限りで光栄でもある。

寺本光照

1章
カラーグラフ 国鉄旅客列車
～客車列車の足跡～

8レ　西鹿児島発東京行き特急「富士」EF65PF　24系25型客車　14連
1980. 2. 2 東海道本線 三島～函南

富士山が最も美しく見える真冬の晴天日、その霊峰をバックに特急「富士」
が東京に向けてひた走る。1600km近くを行く、日本一の長距離特急もあと1
時間半ほどでゴールだ。富士を眺めながら食堂車で遅い朝食をとったり、コー
ヒーを飲んだりしている旅人もいることだろう。

10レ　博多発東京行き特急「あさかぜ2号」EF65P　20系客車　15連　*1978. 1. 4*　東海道本線 横浜～川崎

都会では珍しい雪の朝、特急「あさかぜ2号」が終点・東京に急ぐ。東京始終着のブルートレインの大半が14系以降の新型に置き換えられ、唯一20系のままで残るこの列車も2月からは24系25型の編成になるため、個室車両を含む2両のA寝台車からなる編成とも、あとわずかでお別れだ。

16レ　宇野発東京行き特急「瀬戸」EF65P 20系客車　15連　*1976. 3. 14*　東海道本線 真鶴～根府川

根府川付近で夜明けを迎えた上り特急「瀬戸」。相模湾から上る太陽でEF65P型とナハネフ22、それに白糸川橋梁のトラスが見事なシルエットとなって浮かび上る。東海道ブルトレの牽引を一手に引き受けるEF65P型や流麗なナハネフ22はシルエットにもオーラを醸し出す。

3レ東京発西鹿児島行き特急「はやぶさ」20系客車（最後尾はナハネフ22）　15連　*1972. 6.11*　東海道本線 品川〜川崎

最後尾の⑭号車を流麗なナハネフ22とする特急「はやぶさ」が、1500km以上離れた西鹿児島へ21時間以上の旅に出る。東京を発車してまだ数分。車内では「ハイケンスのセレナーデ」に続き、停車駅の案内等が行なわれている頃だろう。陽の長い季節なので、「はやぶさ」は日没が始まる静岡付近までは昼の景色の中を走る。

回4002レ　（青森発大阪行き特急「日本海」）EF58　20系客車　13連　*1975. 2.9*　東海道本線 高槻〜山崎

青森から大阪まで16時間近くの長旅を終えた特急「日本海」が"休憩場所"の向日町運転所に回送される。牽引機EF58型の次位がカニ21で、客扱い時とは編成が逆になっているのは、大阪到着後は直進形態になる貨物線経由で京都方面を目指すのが理由。「日本海」は3月10日のダイヤ改正で14系化されるので、20系での活躍もあとわずか。

17レ　上野発青森行き特急「ゆうづる7号」ED75　20系客車　13連　*1976. 5.3* 東北本線 浅虫（現浅虫温泉）〜野内

陸奥湾沿いに終点青森を目指す特急「ゆうづる7号」。撮影当時の「ゆうづる」は客車列車だけでも4往復設定され、すべて20系13両での運転だったが、食堂車の連結はなかった。東北本線は岩手県内まではほぼ内陸部を走るため、車窓から海が見える区間は限られた。撮影地付近の集落は雪対策のためトタン屋根が特徴だった。

7レ　東京発西鹿児島行き特急「富士」DF50　20系客車　8連　*1974. 2.11*　日豊本線 清武〜日向沓掛

大分で付属編成7両を切り離し、身軽な編成になった特急「富士」はDF50型に牽かれ昼下がりの日向路を行く。九州内の
DF50型は特急運用時にはヘッドマークを付きで人気があったが、1973年頃に外されてしまった。日豊本線の南宮崎電化は1
か月先に迫るが、全線電化はまだ先の話だった。

8レ　西鹿児島発東京行き特急「富士」EF65P　20系客車　15連　*1974.12.15*　東海道本線 熱海～湯河原

湯河原付近のカーブを行く上り特急「富士」の最後尾に付くのは、15両編成全体の電源を賄う荷物室付き電源車のカニ21。
同じ緩急車でも東京方のナハネフ22は、後方の眺望のため2枚窓の流麗なスタイルだが、こちらは平面の3枚窓でやや武骨
なスタイル。

1レ　東京発長崎・佐世保行き特急「さくら」EF65PF 14系客車　14連　*1982. 6.28*　東海道本線　根府川～真鶴

根府川付近の白糸川橋梁を行く長崎・佐世保行き特急「さくら」。数ある九州行きブルトレのうち「さくら」は東京駅を最初に発つことで、1961年10月から1994年12月までの長きにわたり栄光の1レ（1列車）の地位にあった。そのため、"昼間"の東海道を走る時間も長いが、名所・根府川での撮影となると夏至を挟む前後1か月に限られた。

1レ　東京発長崎・佐世保行き特急「さくら」EF30 14系客車　14連　*1985. 4.6* 山陽本線　下関～門司

関門トンネル部分の下関〜門司間は海底を潜るほか、門司駅構内からは電化方式が直流1500Vから交流20000Vに切り替わる
ため、客車や貨車による列車には同区間専用の、ステンレス製交直流電気機関車EF30型が先頭に立った。「さくら」以下ブルー
トレインにも1985年3月改正からヘッドマークが復活し、特急にふさわしい風格が漂っていた。

43レ新大阪発長崎・佐世保行き特急「あかつき3号」ED75 304 14系15型客車　13連
1985. 4.5　鹿児島本線　二日市～原田（現天拝山～原田）

　九州内は短編成での運転が多い関西～九州間ブルトレにあって、特急「あかつき」は長崎行きと佐世保行きとが分割する肥前山口まで13両の編成で走る。この下り3号を牽くED75型は60Hz対応の300番台だが、九州内での客車列車削減により、JR化の日を迎えることができなかった。したがってヘッドマーク付きの姿は同型機にとって引退への花道になった。

45レ新大阪発長崎行き特急「あかつき3号」ED76　14系15型客車　7連　*1984. 3.12*　長崎本線　肥前飯田～多良

関西～九州間特急「あかつき」は1975年3月改正以後、長崎・佐世保行き双方の編成併結を建前として運転された。14系を
二段寝台にした分散電源方式の14系15型は「あかつき」のために製造されたような車両だった。有明海に沿って走り長崎を
目指す「あかつき」に、1984年2月改正で復活したばかりのヘッドマークは特急の存在を誇示しているかのようである。

回4003レ　（東京発紀伊勝浦行き特急「紀伊」）　DD51　14系客車　　6連　　*1980.3.27*　紀勢本線 三輪崎〜新宮

1975年３月から1984年1月まで東京と南紀・紀伊勝浦を結んだ特急「紀伊」は、単独運転になる関西・紀勢本線では終始14系客車B寝台の６両という、ブルートレインでは最小規模の列車だった。下り「紀伊」は７時19分に終点・紀伊勝浦に到着後、車両は新宮まで回送されるので、明るい時間に熊野灘をバックに走る列車写真を撮ることができた。

3002レ　金沢発上野き特急「北陸」EF64 1004　14系客車　12連　*1985. 4.17*　高崎線　北本〜桶川

上野〜金沢間の特急「北陸」は上越線経由でも走行距離は517.5kmで、ブルートレインとしては最短ランナーだった。そのため、上野・金沢の両駅とも到着は6時台で、走行写真の撮影が難しい列車としても知られていた。高崎線で辛うじて明け方の撮影が可能となった4月中旬、真新しいヘッドマークを付けたEF64 1000番台牽引の「北陸」が日の出の光を浴びながらやってきた。

4レ　西鹿児島発東京行き特急「はやぶさ」EF65 PF　24系25型客車　14連　*1980. 2. 2*　東海道本線 三島〜函南

周りの景色が変わろうといつも変わらぬ富士の麗姿をバックに「はやぶさ」が終点・東京へ急ぐ。1970年代半ばから後半にかけ、機関車はEF65PF型に、客車は二段B寝台の24系25型に替わったが、九州特急用の25型B寝台車は寝台が固定化されている関係で、寝台側の窓が小さいのが残念といったところだ。

東京〜九州間ブルートレインの下関
までの牽引は1965年10月以来約20年
にわたりEF65P型〜PF型だったが、
牽引定数の変更で1985年3月改正か
らはEF66型に交替。鉄道ファンが
待ち望んでいたEF66＋ブルトレコ
ンビが誕生する。同時に「富士」の
ヘッドマークも従来の丸型から戦前
の富士山の形を模した形状に変更。
列車のイメージが一新された。

8レ　宮崎発東京行き
特急「富士」EF66 24系25型客車　14連
1985. 4. 9 東海道本線 興津〜由比

1980年10月改正以後日本一のロ
ングラン列車となった「はや
ぶさ」の九州内は、門司〜西鹿
児島をED76 1000番台が牽引す
る。ヘッドマークのデザイン
は本州用と同じだが、ハヤブサ
の色が異なるほか、中央部分が
膨らんだお椀型になっているの
が特徴。「はやぶさ」は熊本ま
でA寝台と食堂車を含む14両だ
が、以南は食堂車の連結がない
7両編成になる。

3レ　東京発西鹿児島行き
特急「はやぶさ」ED76 1015　24系
25型客車　14連
1984.3.17　鹿児島本線
木葉〜田原坂

7レ　上野発青森行き特急「ゆうづる7号」ED75　24系25型客車　12連　*1983. 3. 4*　東北本線 浅虫（現浅虫温泉）〜野内

14〜15ページと同じ地点を行く青森行き特急「ゆうづる7号」。線路付近はもちろんのこと、集落のカラフルなトタン屋根も白一色となり、春まだ遠き北国の気象の厳しさを感じさせる。1982年11月の東北新幹線大宮暫定開業で、「ゆうづる」は電車3往復、客車2往復の設定となり、写真の下り7号と上り2号は24系25型客車で運転されていた。

9027レ　東京発伊東行き特急「踊り子99号」EF65PF　14系客車　*1986.12.29*　東海道本線 大磯〜二宮

湘南・伊豆特急「踊り子」の定期・季節列車はおもに185系電車で運転されたが、国鉄末期からJR化にかけての時代には、臨時列車の一部に客車列車も加わった。写真のEF65PF型＋14系客車のほか、お召列車用のEF58 61が牽く列車や、欧風または和風客車が使用されることもあった。

上野〜秋田間特急「つばさ」はキハ181系時代はもとより、485系電車化後も専用車両が不足した。そのため1972年から1982年にかけての10年間、多客時に客車列車1往復が運転された。当初は12系での運用だったが、1973年10月に14系化され、特急にふさわしい姿になった。上野〜黒磯間の牽引機はEF65PF型である。

8001レ　上野発秋田行き特急「つばさ51号」14系客車　*1976.12.27*　東北本線 東大宮〜蓮田

104レ　大阪発東京行き急行「銀河」EF58 75　20系客車　12連　*1979. 3. 2*　東海道本線 大磯〜平塚

1958年10月に特急「あさかぜ」用に登場した20系客車も、1971年以後ベッド幅を広げた14・24系やそれに続く二段B寝台の24系25型が製造されると、設備的に特急としての地位を保つのが難しくなり、1976年2月から一部は東海道夜行急行「銀河」に転用される。EF58型にヘッドマークがないとはいえ、20系の長大編成は見た目には特急と変わらない。

204レ　青森発上野行き急行「十和田4号」EF80　20系客車　12連　*1980.8.12*　常磐線 牛久〜佐貫

朝霧の中を終着駅・上野を目指す急行「十和田4号」。常磐線の専用機ともいえるEF80型が20系客車を牽く姿は1976年9月以前の特急「ゆうづる」と少しも変わらない。20系の急行転用に際し、座席改造車を連結する方法は、1977年10月に当時の「十和田2・2号」から実施されたことで「十和田方式」と呼ばれ注目されたが、さほど浸透しなかった。

特急型客車の急行転用

　583系を除く特急型電車や同気動車は、元来から座席指定での昼行列車として運用する目的で製造されているため、客用扉は1両に1か所で座席も急行以下の車両とは一線を画す回転クロスシートだった。そのため、大半の車両は一生涯を特急で全うした。しかし、1970年代の寝台車については、一部の個室車両を除き特急型と一般（急行）型とでは、居住性面で大差がなかった。

　そうした中、1975年3月10日の山陽新幹線博多開業で、山陽・九州線では夜行列車が多数削減される。特急用のうち20系は高齢車が廃車、比較的新しい車両は「北星」「北陸」など急行から格上げされた特急に転用される。しかし、特急型客車のうち24系25型と14系15型はその後も製造が続けられたため、20系の一部は特急用としての行き場がなくなり、一部は急行に活躍の場を求める。急行のうち寝台列車の「銀河」「新星」「天の川」はそのままの形で、座席車を連結する列車のなかで寝台比率の高い「十和田2・2号」と「だいせん5・8号」は、A寝台車ナロネ21を座席車改造したナハ21を連結する方式がとられた。それとは逆に、九州内の「かいもん」や「日南」のように、座席車主体で寝台車は3両程度で済むような列車には、20系寝台車と12系座席車が混結された。これにより、20系急行はバラエティに富む編成になり、趣味的に楽しいものとなる。

402レ　青森発上野行き急行「津軽」ED75 713　14系寝台＋座席客車　10連　*1984. 6. 4* 奥羽本線 鶴ヶ坂〜大釈迦

1984年2月改正で14系寝台車＋座席車の編成になった奥羽本線の老舗急行「津軽」。夜行列車だが、青森発時刻は15時54分のため夏場は秋田付近まで太陽の下を走る。写真の編成は夜行急行としては理想と思えたが、「津軽」は1985年3月改正で14系座席車のみの編成になり、JR化後は電車化されたので、以後寝台車とは縁がなくなってしまった。

　東北・上越新幹線大宮暫定開業の1982年11月15日改正からは14系寝台車の急行転用が開始されるが、こちらは14系の寝台車＋座席車の編成が主力だった。国鉄末期の1986年11月1日改正では24系25型も急行転用の対象になり、「銀河」はオハネ24を含む特急顔負けのオール寝台の12両編成、一方、寝台車部分を20系から24系25型に置換えただけの「かいもん」と「日南」は、12系4または5両にオハネ25＋オハネフ25を連結しただけの編成だった。なお、一般型の寝台車はそれより前の1985年3月14日改正で姿を消していた。

829レ　京都発出雲市行き普通「山陰」DD51　オハネフ12＋12系客車　7連　*1984. 8. 4*　山陰本線 直江～出雲市

斐伊川橋梁を行く山陰本線の下り夜行普通列車「山陰」。普通列車でありながら列車名が付けられているのは、寝台券をマルス発売するための施策であり、「山陰」では12系の普通車部分に号車番号や列車名を示すサボはなかった。機関車次位のオハネフ12は当時国鉄に残る最後の10系一般型客車で、「山陰」が廃止された1985年3月改正で運命を共にした。

501レ　大阪発青森行き急行「きたぐに」ED75　オユ10＋スロ54＋12系客車8連　*1976. 5. 2*　奥羽本線 鶴ヶ坂～津軽新城

日本海縦貫の老舗急行「きたぐに」は1973年10月に、全国に先駆けて普通車に12系を導入し、寝台列車を除く定期急行としては初の全車冷房化を達成する。大阪発車時は寝台車5両を含む13両編成も、新潟から先は座席車だけの8両になる。機関車次位のオユ10は青森到着後、青函連絡船で航送され旭川まで直通する。

102レ　青森発上野行き急行「八甲田」EF57 6　10・43系一般型客車　10連　*1975. 1.12*　東北本線 久喜〜白岡

撮影当時上野〜青森間には、夜行客車急行が定期だけで５往復設定されていたが、東北本線の起終点間を通すのは「八甲田」だけで、それも夜行区間は仙台〜青森間というユニークな列車だった。上りの上野着は11時07分で、撮影しやすい時間帯に戦前製のデッキ付き電機EF57型が牽引するとあって、ファンの人気は絶大だった。

一般型客車

　国鉄客車のうち固定編成を建前とした20系以後の客車に対し、それ以前に製造された手動扉を持ち、暖房は機関車から送られる蒸気、車内の電灯は車軸発電によって賄う客車を一般型客車という。一般型客車はシステムが単純なことで、列車の最後尾に手ブレーキ付きの車掌室を有する緩急車を配置すれば、あとは客車をどのように組み合わせても１つの列車として組成することができるのが利点である。そのため1980年代初頭まで見られた一般型客車による急行は、「すべての列車で編成が異なる」と言われるほど、列車編成はバラエティに富んでおり、その面白さが定期列車として引退後40年近い年月が経過した現在も、ファンの間で根強い人気を誇っている理由であろう。このページからは一般型客車による急行列車をカラー写真で振り返りたい。

214レ　熊本発名古屋行き急行「阿蘇」EF61 1　10・43系一般型客車11連　*1975. 3. 9* 東海道本線 近江長岡～柏原

山陽新幹線博多開業を明日に控えたこの日、雪化粧の伊吹山と東海道新幹線をバックに上り急行「阿蘇」が最後の雄姿を披露する。明日のダイヤ改正で「阿蘇」の列車名は残るものの、新大阪発の14系座席車の編成に衣替えを行なう。したがって、牽引機のEF61型はもちろん、名古屋客貨車区のオロネ10・スハネ16・スロ54・オハ46といった面々とも、今日でお別れである。「阿蘇」の所定編成は14両だが、改正日が迫っていることで減車されていた。

102レ　青森発上野行き急行「八甲田」EF58 10・43系一般型客車　10連　*1975. 1. 5* 東北本線 蒲須坂〜氏家

冬晴れの田園風景の中をEF58型の後にオユ10＋スハフ42＋スロ62＋スハネ16×2……といった青森運転所持ちの車両が続く上り急行「八甲田」。所定ではEF57型牽引の列車も、1975年3月改正が間近に迫る当時はEF58型が入ることもあり、EF57型目当てに撮影にやってきたファンをがっかりさせたこともあった。今となっては、EF58型が牽く一般型客車の編成も安定感があり、良い記録となった。

回1102レ　（西鹿児島発東京行き急行「桜島・高千穂」）EF58 10・43系一般型客車　12連　*1975. 3. 2*　東海道本線 新橋〜品川

東京〜九州間で最後まで残った急行「桜島」「高千穂」の併結列車が東京に到着後、駐泊先の品川客車区に回送される。所定編成はグリーン車2両連結の10系一般型の14両だが、1975年3月10日改正が迫っていることで、グリーン車は1両に減車された12両編成となり、往時の整った姿ではなかった。なお下り「桜島・高千穂」の運転最終日は3月8日だった。

205レ　上野発青森行き急行「十和田5号」ED75　43系一般型客車 11連　*1979.10.23*　東北本線 御堂〜奥中山

かつてはD51型など蒸気機関車の三重連で十三本木峠に挑んだ区間をED75は単機で軽々通過する。写真撮影当時急行「十和田」は定期・季節計3往復運転されており、1・6号（季節列車）は14系座席客車、3・4号は「十和田方式」の20系と車両のグレードアップが図られていた。しかし、5・2号は43系を主体とする一般型客車列車で、グリーン車スロ62を連結するものの夜行に不可欠な寝台車は省略されていた。撮影直後、この2・5号は12系客車に置換えられた。

102レ　札幌発函館行き急行「ニセコ2号」DD51　10・45系一般型客車 10連　*1979. 6. 5*　函館本線 山崎〜鷲ノ巣（現山崎〜八雲）

内浦湾沿いの函館本線平坦区間を行く上り「ニセコ」。牽引機がC62型からDD51型に交替してから8年近くが経つが、機関車次位に本州（上野）直通の郵便車オユ10やスユ13を連結しており、スロ62やスハ45の一般型客車群も健在。座席車部分の所定両数は6両だが、観光シーズンのせいか普通車2両が増結されている。

1211レ　京都発都城行き急行「日南3号」C57　10・60系一般型客車7連　*1974. 2. 9*　日豊本線 清武～日向沓掛

1000km超のロングラン急行下り「日南3号」のラスト区間である宮崎〜都城間の牽引機は長らくDF50型だったが、1973年10月改正での機関車運用変更に伴いC57型に交替する。蒸機の急行運用復活は鉄道ファンにとってサプライズで、多くのファンが日向路を訪れた。しかし、力闘するC57型とは裏腹に元来美しいはずの10系客車は冬の斜陽を浴び、車体の腐食が浮き彫りになっているのは何とも悲しかった。

104レ　札幌発函館行き急行「ニセコ」10・45系一般型客車　*1980.10.3*　函館本線 八雲〜山越

上り「ニセコ」の後部。緩急車はスハ45を改造したスハフ44 100番台で標識灯の設置のほか、狭くなった車掌室側窓が特徴だった。貫通路部分の扉がないため、この部分は格好の"展望スペース"になった。函館直通運転開始以来、号数番号を付けていた「ニセコ」だが、2日前のダイヤ改正で同名の気動車列車が廃止されたため、単独列車名になった。

205レ　上野発青森行き急行「十和田5号」ED75 43系一般型客車 11連　*1979.10.23*　東北本線 御堂〜奥中山

46 〜 47ページの下り「十和田5号」の最後尾に付くオユ10 2500番台。旭川客貨車区に所属する航送用郵便車で、区分室と乗務員室部分に冷房が取り付けられていた。ちなみに「十和田5号」で冷房付きの車両は写真手前から4両目のスロ62だけだった。オユ10は旭川〜上野間で運用されるため、「十和田5・2号」の12系化後も連結が継続された。

パリ発東京行き世界最長列車のオリエント急行

　オリエント急行を日本に持ち込んで国内運行する計画は国鉄時代にもあったようだが、開局30周年を迎えるフジテレビの記念事業として、日立製作所やJR東日本の協力もあって実現する。それも、日本への送り込みはオリエント急行創設期のパリを1988年9月7日に出発し、18000kmも離れた東京行き列車として運転するという壮大なものだった。列車はパリ出発後ベルリン・ワルシャワ・モスクワ・シベリア・北京を経由し、9月26日に香港に到着。ここからは日立製作所笠戸工場最寄りの山口県下松港まで航送される。その後日立笠戸工場で車両を日本向け仕様に小改造し、狭軌用台車に履き替える。そして10月17日夜に13両編成で広島を発車し、東京には18日午前に到着。1か月以上の世界最長列車としての運転を終える。

初冬の斜光で赤く染まったいわゆる赤富士をバックに、ツアー客を乗せたオリエント急行が東上する。世界の名風景の中を世界の名列車が通過するだけでも絶景だが、川面にも同じ景気が反映し、美しさを倍に仕上げている。オリエント急行の車両は大半が1929年製の半鋼製車。還暦に近い列車の運転がよく日本で実現したものだ。

博多発東京行き国内ツアー列車　1988.12.2　東海道本線 沼津〜三島

欧州の国際列車であるオリエント急行は元来蒸気機関車牽引だった。それを日本の列車で行なう企画は下り列車の最終日にあたる12月23日になって上野〜大宮間で実現した。車籍が復活した牽引機D51498にとっては、営業運転開始日でもあった。大宮まではお召機EF58 61との重連である。

上野発京都行き（上越・北陸線経由）往復ツアー列車　1988.12.23　東北本線 尾久〜赤羽

上野起終点日本一周ツアー列車　*1988.10.25*　室蘭本線 大岸〜豊浦

10月24日から11月2日まで、上野を起終点に札幌・高松・熊本とJR 6社の線路を9泊10日で巡る「日本一周ツアー列車」は、2日目に紅葉シーズンの北海道に入る。オリエント急行の客車は1両当たりの長さが23.5mで、重量も50トン以上あるため、DD51型の重連で運転された。スイスからやってきた車両は15両だが、日本では13両での運転で両端は控車とするため、4両は山口県下松市の日立製作所笠戸工場での待機を余儀なくされた。

オリエント急行

← 大阪方   東京方 →

①	②	③	④	⑤	⑥	⑦	⑧	⑨	⑩	⑪	※⑫	⑬
荷物	A個寝台	A個寝台	A個寝台	A個寝台	A個寝台	A個寝台	バー・サロン	食堂	食堂	電源・荷物	B個寝台	イベント車
マニ50	3487	3472	3537	3480	3542	3551	4164	4158	3354	1286	3909	オニ23

※⑫号車は業務用 (列車並びに食堂従業員が使用)

オリエント急行の日本国内運行

　東京入りしたオリエント急行用車両はJR東日本品川客車区を拠点とし、10月24日から11月２日まで日本一周ツアー列車として運転。以後は東京・上野・大阪・博多などを始終着とする２泊３日のツアー列車や、展示を目的としたイベント回遊列車などに使用され、京都発列車（北陸・上越経由）の上野到着をもって12月25日に国内運行を終える。運転や車両の保安面は貨物会社を含むJR各社が行なうが、列車や食堂関係のスタッフは全員が外国人であることや、車両の経年が高いほか、熱源やトイレなど車両システムの違いもあり、国内運行中はJR各社の関係者も大変だったようだ。しかし、目だった事故や故障もない中で２か月以上が過ぎ、オリエント急行用車両は12月27日に下松へ回送。日立笠戸工場で修復工事を受け、1989年１月９日に下松港から欧州への帰路に発つ。この間、オリエント急行は昭和から平成への改元にも立ち会ったわけである。

オリエント急行の看板的車両ともいえる⑨号車のプルマン車WSP4158。４人用個室とテーブル付きの２人用対面席からなるフリースペースだが、食堂車としても使用される。両端の控車を除けばこの車両だけが、窓周りがクリーム色なので編成中でも目立つ存在である。出入口と両端の飾り窓は楕円形。バッファ付きの螺旋式連結器を使用しているため、連結面間が長い。台車は日本の軌間に対応するため、TR47Aを履いている。なお、この車両は帰国後再来日し、現在は箱根にある「箱根ラリック美術館」で保存展示され、喫茶室として使用されている。

東京発博多行き国内ツアー列車　*1988.12.2*　東海道本線　品川～川崎

北海道での３日間を過ごし、再び青函トンネルを潜って本州に戻ってきた「日本一周ツアー列車」。⑨号車のプルマン車WSP4158の前後には、⑧号車のバー・サロン車ARP4164と⑩号車の食堂車WR3354Dが付き、"食堂ユニット"を形成する。夕食は石炭レンジで調理された豪華なフルコース料理で、完食するにも２時間以上を要するため⑨・⑩号車が食事処になる。なお、オリエント急行の暖房は温水ボイラを使用するため、各車両に石炭置場が設けられている。

上野起終点日本一周ツアー列車　*1988.10.27*　津軽海峡線　竜飛海底～津軽今別

2章
固定編成旅客列車

6レ　青森発上野行き特急「ゆうづる」C62 23　20系客車　13連　*1967. 6. 4*　常磐線 木戸〜広野

「動くホテル」20系寝台列車の登場

　東海道本線全線電化の1956年11月19日、戦後としては初めて夜行区間を走る特急「あさかぜ」が運転を開始する。一般型客車で110〜111ページの「かもめ」に寝台車を連結したような列車だったが、東京〜九州間を一夜で結ぶビジネスダイヤで好評を博した。

　「あさかぜ」は1958年10月からは、軽量車体で全車冷暖房完備の固定編成客車20系に置換えられる。冷房が珍しかった時代に快適なベッドで就眠できることで、20系は「動くホテル」と絶賛された。当初10両だった「あさかぜ」は20系化後も両数を増やし、1964年3月には編成の半数を1等部分で固めた列車に成長する。その変遷を編成図に示す。なお、掲載写真は14両編成当時のものである。

3レ　東京発博多行き特急「あさかぜ」C62 20系客車　14連　*1964. 3. 2*　山陽本線 戸田〜富海　撮影：林　嶢

電化用のポールも立ち始めた山陽本線西部区間を行く特急「あさかぜ」。平面ガラスを2枚合わせたナハフ20初期車の300m先から白い煙が出ているところから、蒸気機関車の牽引であることが分かる。強力なディーゼル機関車が国鉄に在籍していなかった当時、広島〜下関間の客車列車は種別を問わずC62型やC59型といった大型蒸機の独壇場だった。撮影後の3月20日から「あさかぜ」は59ページ下に示す編成図のような15両編成になり、いつしか"殿様あさかぜ"と呼ばれるようになる。

4レ　博多発東京行き特急「あさかぜ」EF58　20系客車　14連　*1963.12.8*　東海道本線 戸塚〜保土ヶ谷　撮影：林　嶢

青を基調に裾部をクリーム色とした通称"九州特急用塗装"のEF58型が牽く上り「あさかぜ」。20系特急は輸送力増強のため、年末輸送開始に合わせ1963年12月20日から編成が15両に増強されるため、東京〜広島間の牽引機はEF60 500番台に交代し、東海道・山陽区間でのEF58型特急は間もなく見納めである。しかしながら「あさかぜ」だけは1等寝台車を増結する関係で15両化は翌年3月にまで持ち越された。

特急あさかぜ（1956.11 現在）

← 7レ　博多行き　　　　　　　　　　　　　　　　8レ　東京行き　→

①	②	③	④	⑤	⑥	⑦	⑧	⑨	⑩
指3等・荷	3等寝台	3等寝台	3等寝台	指3等	指3等	食堂	指2等	2等寝台AB	2等寝台C
スハニ32	ナハネ10	ナハネ10	ナハネ10	ナハ10	ナハフ10	マシ35	スロ54	マロネ40	マロネフ29

（号車番号は下り列車を示す）

特急あさかぜ（1958.10 現在）

← 7レ　博多行き　　　　　　　　　　　　　　　　　　　　　　8レ　東京行き　→

①	②	③	④	⑤	⑥	⑦	⑧	⑨	⑩	⑪	⑫
荷物	2等寝台A	2等寝台B	2等寝台B	指2等	食堂	3等寝台	3等寝台	3等寝台	3等寝台	指3等	指3等
マニ20	ナロネ20	ナロネ21	ナロネ21	ナロ20	ナシ20	ナハネ20	ナハネ20	ナハネ20	ナハネ20	ナハ20	ナハフ20

特急あさかぜ（1960.8 現在）

← 7レ　博多行き　　　　　　　　　　　　　　　　　　　　　　　　8レ　東京行き　→

①	②	③	④	⑤	⑥	⑦	⑧	⑨	⑩	⑪	⑫	⑬
荷物	1等寝台A	1等寝台B	1等寝台B	1等寝台B	指1等	食堂	2等寝台	2等寝台	2等寝台	2等寝台	指2等	指2等
カニ21	ナロネ20	ナロネ21	ナロネ21	ナロネ21	ナロ20	ナシ20	ナハネ20	ナハネ20	ナハネ20	ナハネ20	ナハ20	ナハフ20

特急あさかぜ（1964.4 現在）

← 3レ　博多行き　　　　　　　　　　　　　　　　　　　　　　　　　　4レ　東京行き　→

①	②	③	④	⑤	⑥	⑦	⑧	⑨	⑩	⑪	⑫	⑬	⑭
荷物	1等寝台A	1等寝台AB	1等寝台B	1等寝台B	1等寝台B	指1等	食堂	2等寝台	2等寝台	2等寝台	2等寝台	指2等	指2等
カニ21	ナロネ20	ナロネ22	ナロネ21	ナロネ21	ナロネ21	ナロ20	ナシ20	ナハネ20	ナハネ20	ナハネ20	ナハネ20	ナハ20	ナハフ20

8レ　熊本・大分発東京行き特急「みずほ」EF60 500　20系客車　14連　*1963.12. 7*　東海道本線 大船～戸塚

編成の15両化により、牽引機がEF58型からEF60 500番台に変更された上り「みずほ」。このEF60 500番台から同型とEF65P型の特急牽引限定機は20系のクリームラインに合わせた塗装となる。東京～熊本間特急としてデビューした「みずほ」は、一般型車両から20系に置換えられた1963年6月に大分編成を連結する。行き先が2つある客車特急は「みずほ」が最初だった。

特急みずほ（1964.1 現在）

← 7レ　熊本行き・7～2007レ 大分行き　　　　　　　　　　　　　　　　　　　　　8レ・2008～8レ　東京行き →

	①	②	③	④	⑤	⑥	⑦	電源	⑧	⑨	⑩	⑪	⑫	⑬	⑭
	荷物	1等寝台B	食堂	2等寝台	2等寝台	2等寝台	指2等	電源	1等寝台B	2等寝台	2等寝台	2等寝台	2等寝台	2等寝台	指2等
	カニ22	ナロネ21	ナシ20	ナハネ20	ナハネ20	ナハネ20	ナハフ21	マヤ20	ナロネ21	ナハネ20	ナハネ20	ナハネ20	ナハネ20	ナハネ20	ナハフ20
	東京～熊本							門司～大分	東京～大分						

回7レ　（東京発熊本・大分行き特急「みずほ」）　20系客車　14連　*1963.7.14*　東海道本線 新橋～東京

品川客車区から東京へ回送される特急「みずほ」用20系。手前はディーゼルと電動の2種の発電機を搭載し、電動発電機の電源を得るために2基のパンタグラフを装備したカニ22。その次位のナロネ22は「みずほ」の20系化に際し①号車として連結されるが、1963年12月20日の15両編成化に際しナロネ21に置換えられた。したがって「みずほ」が個室寝台を連結した期間はわずか半年余りで、この写真は貴重である。

2レ　長崎発東京行き特急「さくら」C60　20系客車　8連　*1964.3.19*　長崎本線 大草〜東園(当時信号場) 撮影：篠崎隆一

長崎をC60型の牽引で発車した特急「さくら」は、増結車が連結される博多までは8両の軽装で走る。大村湾沿いに走る大草〜東園〜喜々津間は絶好の撮影スポットだが、喜々津〜浦上間は1972年10月に市布経由の新線が開業し、以後は現在にいたるまで未電化のままで残され、短編成の気動車列車が行き交うローカル線となっている。

特急さくら（1964.4現在）

← 1レ 長崎行き　　　　　　　　　　　　　　　　　　　　　　　　　　　　2レ 東京行き →

荷物	①	②	③	④	⑤	⑥	⑦	⑧	⑨	⑩	⑪	⑫	⑬	⑭
	1等寝台AB	指1等	食堂	2等寝台	2等寝台	2等寝台	指2等	2等寝台	2等寝台	2等寝台	2等寝台	2等寝台	2等寝台	指2等
カニ22	ナロネ22	ナロ20	ナシ20	ナハネ20	ナハネ20	ナハネ20	ナハフ21	ナハネ20	ナハネ20	ナハネ20	ナハネ20	ナハネ20	ナハネ20	ナハフ20
	東京〜長崎							東京〜博多						

2001レ東京発佐世保行き特急「さくら」DD51（後補）20系客車8連
1967.3.3 佐世保線 大塔〜日宇 撮影：鈴木孝行

写真だけでは何の変哲もない未電化区間のブルトレだが、写真手前のDD51型は特急「さくら」の後部補機で、先頭に立つC11型はトンネルの中に消えている。こうしたシーンが出現したのは佐世保線早岐駅が、東京から佐世保に向かうにはスイッチバック構造になっているのが理由である。しかも、早岐〜佐世保間には勾配区間もあるため、肥前山口から「さくら」を牽いてきたDD51型は早岐から後部補機となり、先頭にはC11型が付くわけである。DD51型次位の古い客車は簡易電源車のマヤ20。

特急さくら（1967.4現在）

← 1レ 長崎行き・1〜2001レ佐世保行き　　　　　　　　　2レ・2002〜2レ 東京行き →

荷物	①	②	③	④	⑤	⑥	⑦	電源	⑧	⑨	⑩	⑪	⑫	⑬	⑭
	1等寝台B	指1等	2等寝台	2等寝台	2等寝台	食堂	2等寝台	電源	1等寝台B	2等寝台	2等寝台	2等寝台	2等寝台	2等寝台	2等寝台
カニ21	ナロネ21	ナロ20	ナハネ20	ナハネ20	ナハネ20	ナシ20	ナハネフ21	マヤ20	ナロネ21	ナハネ20	ナハネ20	ナハネ20	ナハネ20	ナハネ20	ナハネフ22
	東京〜長崎							※	東京〜佐世保						

※=肥前山口〜佐世保

4レ西鹿児島（現鹿児島中央）・長崎発東京行き特急「はやぶさ」EF65PF　20系客車15連　1974.12.15　東海道本線 熱海〜湯河原

東京機関区のEF65P型が下関運転所で台車検査を受けたことで、同所のEF65PF型の代替牽引となった特急「はやぶさ」上り列車。前日午後に、西鹿児島と長崎の2駅から発車し、食堂車の連結がない長崎編成は鳥栖までの電源車としてマヤ20を連結していた。「はやぶさ」は1975年3月改正から24系化され、西鹿児島始発の単独運転に戻るため20系での活躍もあとわずか。

特急はやぶさ （1974.7 現在）

← 3レ　西鹿児島行き・3〜4003レ長崎行き　　　　　　　　　　　　　　　　　　　　　　　　　　　　4レ・4004〜4レ　東京行き →

①	②	③	④	⑤	⑥	⑦		⑧	⑨	⑩	⑪	⑫	⑬	⑭
荷物	A寝台	B寝台	B寝台	B寝台	食堂	B寝台	B寝台	電源	A寝台	B寝台	B寝台	B寝台	B寝台	B寝台
カニ21	ナロネ21	ナハネ20	ナハネ20	ナハネ20	ナシ20	ナハネ20	ナハネフ23	マヤ20	ナロネ21	ナハネ20	ナハネ20	ナハネ20	ナハネ20	ナハネフ22
東京〜西鹿児島								鳥栖〜長崎	東京〜長崎					

撮影当時、日本一のロングラン特急だった「はやぶさ」は、東京〜西鹿児島間をEF65➡C62➡EF30➡ED72➡C61の機関車リレーで22時間30分をかけて結んでいた。関門トンネルを"船頭さん"のEF30型で潜り抜けた後は、門司で交流電機ED72型に交替。九州入りしても終点西鹿児島までは、昼間の列車としてあと7時間近くも走り続けねばならない。

5レ東京発西鹿児島（現鹿児島中央）行き
特急「はやぶさ」ED72　20系客車15連
1964.3.17　鹿児島本線 門司　撮影：篠崎隆一

特急はやぶさ （1964.4 現在）

← 5レ　西鹿児島行き　　　　　　　　　　　　　　　　　　　　　　　　　　　　　　　　6レ　東京行き →

①	②	③	④	⑤	⑥	⑦	⑧	⑨	⑩	⑪	⑫	⑬	⑭
荷物	1等寝台AB	指1等	食堂	2等寝台	2等寝台	2等寝台	指2等	2等寝台	2等寝台	2等寝台	2等寝台	2等寝台	2等寝台	指2等
マニ20	ナロネ22	ナロ20	ナシ20	ナハネ20	ナハネ20	ナハネ20	ナハフ21	ナハネ20	ナハネ20	ナハネ20	ナハネ20	ナハネ20	ナハネ20	ナハフ20
東京〜西鹿児島							東京〜博多							

8レ西鹿児島（現鹿児島中央）発東京行き特急「富士」DF50　20系客車8連　*1972. 3.*　日豊本線 東都城（現三股）〜餅原

1964年10月に「みずほ」の大分編成の単独運転化により登場した特急「富士」は、翌年10月には運転区間が西鹿児島まで延長され、日本一のロングラン特急の座を「はやぶさ」に取って代わる。地形の関係で県境を中心にトンネルが多い日豊本線では、1959年からDF50型が本格投入され、優等列車を中心に無煙化が進んだため、「富士」は東京〜九州間ブルトレとしては唯一蒸気機関車牽引を経験していない列車であり、20系時代には個室寝台車（ナロネ20・22）が連結されなかった列車でもある。

特急富士（1972.3 現在）

← 7レ 西鹿児島行き													8レ 東京行き →
①	②	③	④	⑤	⑥	⑦	⑧	⑨	⑩	⑪	⑫	⑬	⑭
荷物	A寝台	B寝台	B寝台	食堂	B寝台	B寝台	A寝台	B寝台	B寝台	B寝台	B寝台	B寝台	B寝台
カニ21	ナロネ21	ナハネ20	ナハネ20	ナシ20	ナハネ20	ナハネフ23	ナロネ21	ナハネ20	ナハネ20	ナハネ20	ナハネ20	ナハネ20	ナハネフ22
東京〜西鹿児島							東京〜大分						

九州特急に活躍する20系寝台列車

　東京〜博多間特急「あさかぜ」の好評で、1957年から1964年にかけて、「さくら」「はやぶさ」「みずほ」「富士」といった面々が後を追うように新設され、九州特急の運転は沖縄を除く各県都を網羅した。重厚な「あさかぜ」に比べ、後発の列車はカジュアル（と言っても、1960年代前半までは"選ばれた人"でないと乗れなかったが……）な編成が売り物だった。

44レ都城発新大阪行き特急「彗星3号」DF50 20系客車8連　*1974. 2.10*　日豊本線 門石（信）～田野

1968年10月に新設された新大阪～宮崎間特急「彗星」は、2年後には下り方を都城まで延伸。その後も宮崎観光ブームの追い風で、撮影当時は4往復運転にまで成長していた。写真の上り3号は下り1号とともに設定当初からの列車である。最後尾はカニ22だが、新製時の重量はオリエント急行の客車群よりも重い約60トンであり、入線可能路線が限定されるため、電動発電機やパンタグラフを撤去した姿で運用されていた。この「彗星」は2か月後の4月25日改正で24系化された。

特急彗星 1—3号 （1973.10 現在）

← 43レ　都城行き　　　　　　　　　　　　　　　　　　　　　　　　　　　　　　　44レ　新大阪行き　→

	①	②	③	④	⑤	⑥	⑦	⑧	⑨	⑩	⑪	⑫	⑬	⑭
荷物	A寝台	B寝台	B寝台	B寝台	食堂	B寝台	B寝台	A寝台	B寝台	B寝台	B寝台	B寝台	B寝台	B寝台
カニ 22	ナロネ 21	ナハネ 20	ナハネ 20	ナハネ 20	ナシ 20	ナハネ 20	ナハネフ 23	ナロネ 21	ナハネ 20	ナハネ 20	ナハネ 20	ナハネ 20	ナハネ 20	ナハネフ 22
			新大阪～都城							新大阪～大分				

関西～九州連絡に進出する20系寝台列車

　東海道本線の京阪神地区は東京～九州間特急の通り道だが、時刻との関係で両方向とも利用が困難だった。そうした中、1965年10月に初の関西始発特急として「あかつき」が登場。1968年には日豊本線直通の「彗星」も設定される。以後も関西発特急は“雨後の筍”のように増発を繰り返し、山陽新幹線博多開業直前にはブルトレだけで11往復に達する。関西～九州間寝台特急は電車を含め、大半が天体に由来したネームを名乗っていた。

2021レ新大阪発長崎行き特急「あかつき1号」DD51重連　20系客車8連　*1969.10.28*　長崎本線 喜々津～東園

本州よりも遅い日の出の光を浴びながら、大村湾沿いに終点長崎を目指す特急「あかつき1号」。新大阪から鳥栖までは親列車の西鹿児島編成と併結のため、長崎本線内での電源車として機関車次位にマヤ20が連結されている。DD51型は運用との関係からか長崎本線内では重連運転が多く、さすがに迫力が感じられた。

特急あかつき 1―2号（1969.10 現在）

← 21レ 西鹿児島行き・21 ～ 2021レ長崎行き

22レ・2022 ～ 22レ 新大阪行き →

荷物	① A寝台	② B寝台	③ B寝台	④ B寝台	⑤ 食堂	⑥ B寝台	⑦ B寝台	電源	⑧ A寝台	⑨ B寝台	⑩ B寝台	⑪ B寝台	⑫ B寝台	⑬ B寝台	⑭ B寝台
カニ21	ナロネ21	ナハネ20	ナハネ20	ナハネ20	ナシ20	ナハネ20	ナハネフ23	マヤ20	ナロネ21	ナハネ20	ナハネ20	ナハネ20	ナハネ20	ナハネ20	ナハネフ22
新大阪～西鹿児島								鳥栖～長崎	新大阪～長崎						

22レ西鹿児島（現鹿児島中央）・長崎発新大阪行き特急「あかつき2号」EF65 P
20系客車15連　*1970. 8.22*　山陽本線 庭瀬～岡山

撮影当時「あかつき」は、新大阪～鹿児島・長崎地区間に2往復が設定され、写真上の下り1号とこの上り2号は夫婦列車の関係になり、山陽地方を有効時間帯に収める一方、北九州は深夜に通過するダイヤが特徴だった。本州内の牽引機は東京～九州間ブルトレと同じEF65P型で、編成も同様に15両で食堂車も連結されていた。時折しも大阪では万国博覧会が開催されていたため、九州各地では関西ブルトレの寝台券は入手難の状況を呈していた。

特急「出雲」用編成　DD54 20系客車 8 連　*1972. 7.30*　山陰本線 浜田客貨車区　撮影：前田信弘

東京からEF65P型➡DD54型のリレーで、15時間40分をかけて東海道・山陰の両本線を走り抜けてきた2001レ特急「出雲」は10時ジャストに終点浜田に到着。その後、2002レとして15時15分に東京への折り返すまでの間、牽引機とともに客貨車区で疲れた車体を休める。1972年3月改正で登場した特急「出雲」は、"中古"になった20系での運転だったが、初めてブルトレを迎える山陰沿線住民の喜びは大きかった。

特急出雲（1972.7 現在）

← 2001レ 浜田行き　　　　　　　　　　　　　　　　　　　　2002レ 東京行き →

①	②	③	④	⑤	⑥	⑦	⑧	⑨	⑩	⑪
荷物	A寝台	B寝台	B寝台	B寝台	食堂	B寝台	B寝台	A寝台	B寝台	B寝台
カニ21	ナロネ21	ナハネ20	ナハネ20	ナハネ20	ナシ20	ナハネ20	ナハネフ23	ナロネ21	ナハネ20	ナハネフ22
東京～浜田								東京～出雲市		

山陽新幹線岡山開業の1972年3月改正で、「出雲」同様改正前の急行からの格上げで登場した特急「瀬戸」。宇高連絡船を介して四国特急「しおかぜ」「南風」に接続する本四一貫輸送のスピードアップが名目だが、14系新製で捻出された20系の有効活用も設定理由だった。設定当初は20系15連で牽引機もEF65P型のため、九州特急の「富士」などとは同スタイルの列車で、鷲羽山から望む瀬戸内海をモチーフしたヘッドマークも秀逸だった。

16レ宇野発東京行き特急「瀬戸」EF65P 20系客車15連　*1975. 3.16*　東海道本線 川崎～品川

特急瀬戸（1975.3 現在）

← 15レ 宇野行き　　　　　　　　　　　　　　　　　　　　　　　　　　16レ 東京行き →

①	②	③	④	⑤	⑥	⑦	⑧	⑨	⑩	⑪	⑫	⑬	⑭
荷物	A寝台	B寝台	B寝台	B寝台	食堂(休)	B寝台	B寝台	A寝台	B寝台	B寝台	B寝台	B寝台	B寝台
カニ21	ナロネ21	ナハネ20	ナハネ20	ナハネ20	ナシ20	ナハネ20	ナハネフ23	ナロネ21	ナハネ20	ナハネ20	ナハネ20	ナハネ20	ナハネフ22

4001レ大阪発青森行き特急「日本海」EF58 85　20系客車13連　*1975. 2. 7*　東海道本線 米原

日本海縦貫線の輸送力増強を狙って1968年10月改正で登場した同線初のブルートレイン「日本海」は、当初湖西線が未開業のため米原経由での運転だった。そのため、大阪からはEF65P➡DE10➡EF70➡DD51のリレーで1000km余りの全区間をつないだ。1972年3月から起点区間の牽引機はEF58型に変更される。写真は下り列車の米原到着時のシーンで、ここから田村まではDE10型で交直接続を行なう。大阪を19時50分に発っても青函連絡船に乗り継ぎでの札幌着は翌日の20時28分。

特急日本海（1975.2現在）

← 4002レ　大阪行き　　　　　　　　　　　　　　　　　　　　　　　　　　　　　　4001レ　青森行き　→

	①	②	③	④	⑤	⑥	⑦	⑧	⑨	⑩	⑪	⑫
荷物	A寝台	B寝台	B寝台	B寝台	B寝台	食堂	B寝台	B寝台	B寝台	B寝台	B寝台	B寝台
マニ20	ナロネ21	ナハネ20	ナハネ20	ナハネ20	ナハネ20	ナシ20	ナハネ20	ナハネ20	ナハネ20	ナハネ20	ナハネ20	ナハネフ20

2001レ大阪発青森行き特急「日本海」DD51 20系客車9連 *1969. 5. 3* 奥羽本線 陣場～津軽湯の沢

大阪～青森間特急「日本海」の列車名は改正前の急行のものを召し上げたため、列車も急行からの格上げのイメージだが、実際には北海道連絡のスピードアップを狙った正真正銘の新設列車である。そのため、運転開始時は当時のブルトレとしては最短の9両編成とされた。写真はDD51型に牽引されて奥羽本線の難所矢立峠に挑む下り「日本海」。本線仕様のディーゼル機関車でありながら凸型スタイルのDD51型は、屋根が深いブルトレの前には入換機のようで、何か頼りない感じだ。

特急日本海（1969.5 現在）

← 　2002 レ　大阪行き

2001 レ　青森行き　→

荷物	A寝台	B寝台	B寝台	食堂	B寝台	B寝台	B寝台	B寝台
	①	②	③	④	⑤	⑥	⑦	⑧
マニ 20	ナロネ 21	ナハネ 20	ナハネ 20	ナシ 20	ナハネ 20	ナハネ 20	ナハネ 20	ナハネフ 20

1001レ　上野発青森行き特急「あけぼの」DD51 20系客車9連　*1970.10.11*　奥羽本線 二ツ井〜前山　撮影：守尾　誠

1970年10月1日に定期列車に格上げされ、青森延長されたばかりの「あけぼの」。上野発車時は20系13両編成だが、秋田で切り離しが行なわれ、以北は9両編成になる。そのため、機関車の次位はナハネフ23である。飾り気のない機能一点張りのDD51型も、この角度からは力強く見える。

特急あけぼの（1970.10 現在）

← 1002レ 上野行き　　　　　　　　　　　　　　　　　　　　　　　　　　1001レ　青森行き　→

	①	②	③	④	⑤	⑥	⑦	⑧	⑨	⑩	⑪	⑫
荷物	A寝台	B寝台	B寝台	B寝台	B寝台	食堂	B寝台	B寝台	B寝台	B寝台	B寝台	B寝台
カニ21	ナロネ21	ナハネ20	ナハネ20	ナハネ20	ナハネ20	ナシ20	ナハネ20	ナハネフ23	ナハネ20	ナハネ20	ナハネ20	ナハネフ22
上野〜青森									上野〜秋田			

1973年10月改正に上野〜秋田間列車の増発で2往復運転となった「あけぼの」は、1976年11月の国鉄運賃・料金大幅値上げ後も根強い人気に支えられ、1980年10月に24系に置換えられるまで、20系としては最後まで特急運用で残った。奥羽本線には豪雪地帯が多い関係で、冬場の上り列車は車体に雪を積んだまま上京することもしばしばだった。なお、写真では分からないが、「あけぼの」の東北本線直流区間（上野〜黒磯間）での牽引機はEF65PF型である。

1004レ　青森発上野行き特急「あけぼの2号」20系客車13連　*1976.12.31*　東北本線 蓮田〜東大宮

特急あけぼの 1—2号（1977.1 現在）

← 1004レ 上野行き　　　　　　　　　　　　　　　　　　　　　　　　　　1001レ　青森行き　→

	①	②	③	④	⑤	⑥	⑦	⑧	⑨	⑩	⑪	⑫
荷物	A寝台	A寝台	B寝台	B寝台	B寝台	B寝台	B寝台	B寝台	B寝台	B寝台	B寝台	B寝台
カニ21	ナロネ21	ナロネ21	ナハネ20	ナハネ20	ナハネ20	ナハネ20	ナハネフ21	ナハネ20	ナハネ20	ナハネ20	ナハネ20	ナハネフ22
上野〜青森									上野〜秋田			

6レ　青森発上野行き特急「ゆうづる」20系客車13連　*1967. 9. 2*　東北本線 仙台

仙台でDD51型からバトンを受け取り3時50分の発車を待つC62型牽引の上り「ゆうづる」。ダイヤ改正こそ1967年10月1日だが、常磐線の全線電化は8月20日に完成しており、仙台以南はいつ電気機関車に置換えられてもおかしくない状況だ。このC62型の引退をもって国鉄から実質的に蒸気機関車牽引特急は終焉を迎える。平付近はこの季節では「ゆうづる」の勇姿を撮影することがが可能なので、カメラを持って待ち構えているファンは多いことだろう。

特急ゆうづる（1967.9 現在）

←6レ　上野行き　　　　　　　　　　　　　　　　　　　　　　　　　　　　　　　　　　　　　　　5レ　青森行き　→

荷物	1 等寝台B	1 等寝台B	2 等寝台	2 等寝台	食堂	2 等寝台	2 等寝台	2 等寝台	2 等寝台	2 等寝台	2 等寝台	指 2 等
	①	②	③	④	⑤	⑥	⑦	⑧	⑨	⑩	⑪	⑫
カニ 21	ナロネ 21	ナロネ 21	ナハネ 20	ナハネ 20	ナシ 20	ナハネ 20	ナハネ 20	ナハネ 20	ナハネ 20	ナハネ 20	ナハネ 20	ナハフ 20

東北に版図を広げた20系寝台客車

　20系特急は1963年の「みずほ」まで、もっぱら東京〜九州間で設定されてきたが、東京以北初の20系客車特急として1964年10月に「はくつる」が運転を開始。それまで運転区間から「九州特急」と通称されてきた20系特急が、車体色から「ブルートレイン」と呼ばれるようになったのは、「はくつる」登場直後からである。「はくつる」に続き1970年までに「ゆうづる」「日本海」「あけぼの」が登場。東北地方も20系の一大活躍舞台になった。

5007レ上野発青森行き特急「ゆうづる4号」ED75　20系客車　13連　*1976. 5.3* 東北本線 浅虫 (現浅虫温泉)～野内

特急ゆうづる 4—1号（1976.7 現在）

←8レ 上野行き　　　　　　　　　　　　　　　　　　　　　　　　　　　　　　5007レ　青森行き　→

荷物	①A寝台	②A寝台	③B寝台	④B寝台	⑤B寝台	⑥B寝台	⑦B寝台	⑧B寝台	⑨B寝台	⑩B寝台	⑪B寝台	⑫B寝台
カニ21	ナロネ21	ナロネ21	ナハネ20	ナハネ20	ナハネ20	ナハネ20	ナハネフ21	ナハネ20	ナハネ20	ナハネ20	ナハネ20	ナハネフ21

撮影当時、常磐線の全線電化で「ゆうづる」は上野～盛岡間が電気機関車による運転になっていたが、本数はまだ1往復のままだった。しかし、同じ電機でも平以北のED75型に比べ、上野口の交直流機のEF80型は気の毒なほどファンからの人気がなかった。C62牽引の平～仙台間とは対照的にピンク色の機関車の車体とヘッドマークの朱色が似通っており、色のコントラストが良くないのが理由だろうか。しかし、71ページの編成図が示すように1等寝台2両のほか食堂車や2等座席車を連結している20系13両編成は趣味的に楽しかった。

6レ　青森発上野行き
特急「ゆうづる」20系客車13連
1968. 9. 8 常磐線 藤城～取手
撮影：守尾　誠

上野〜青森間を仙台（岩沼）まで常磐線経由で結ぶ特急「ゆうづる」は1975年3月改正では583系寝台電車3往復、20系客車4往復の計7往復運転になる。下りは連絡船や北海道での時刻を優先し、電車は青森での到着が早い1〜3号、客車は北東北での利用の便宜を図るため4〜7号に配置されていた。20系「ゆうづる」の編成は「時刻表」ではすべて同じだが、写真の下り4号と上り1号の⑫号車は貫通型で窓の小さいナハネフ21であった。

東京以北初の20系客車特急が「はくつる」。上野〜青森間を東北本線経由で直結した初の特急でもある。「はくつる」の上野〜黒磯間での牽引機はEF58型で、ヘッドマークは後輩の「ゆうづる」に似ているが、地色はダークブルーだった。

4レ　青森発上野行き
特急「はくつる」20系客車13連
1968.9.1　東北本線 蓮田〜東大宮
撮影：守尾　誠

特急はくつる（1968.7 現在）

←4レ 上野行き　　　　　　　　　　　　　　　　　　　　　　　　　　　　　　　　　　　　　3レ　青森行き →

荷物	① 1等寝台B	② 1等寝台B	③ 2等寝台	④ 2等寝台	⑤ 食堂	⑥ 2等寝台	⑦ 2等寝台	⑧ 2等寝台	⑨ 2等寝台	⑩ 2等寝台	⑪ 指2等	⑫ 指2等
カニ21	ナロネ21	ナロネ21	ナハネ20	ナハネ20	ナシ20	ナハネ20	ナハネ20	ナハネ20	ナハネ20	ナハネ20	ナハ20	ナハフ20

2002レ青森発大阪行き特急「日本海」DD51　20系客車9連　*1969. 5. 3*　奥羽本線 津軽湯の沢〜陣場

68〜69ページと同日に撮影された特急「日本海」上り列車。ナハフ20改造のナハネフ20を最後尾とする20系9両編成だが、牽引するDD51型などはトンネル内を進んでいる。当時「日本海」の客車は青森運転所の担当で、写真のナハネフ20やマニ20などは20系初期の車両だった。この区間は1971年8月の複線電化に際し、3180mの矢立トンネルを含む新線が開通したため、廃線となっている。

20系列車の急行運用

　1958年から1970年までに500両近くが製造された20系も、1971年以降に製造された14系や24系に比べるとベッド幅などの面で見劣りが隠せなくなり、1976年から一部は急行列車用に使用される。特急時代同様そのままオール寝台で使用される列車や、寝台車の一部を座席車に改造して連結する「十和田」方式、さらには12系座席客車と併結で運転される列車もあり、趣味的に楽しかった。

104レ　大阪発東京行き急行「銀河」EF58 47　20系客車　12連　*1977. 3.26* 東海道本線 横浜〜川崎

1976年2月に一般型客車から20系に置換えられた急行「銀河」だが、ダイヤは従来通りのためEF58型牽引も継続された。先頭に立つEF58 47は1952年に長岡機関区に新製配置され、上越線で運用されていたことで大型窓につらら切りを兼ねたひさしを付けているのが特徴。撮影当時、「銀河」の東京着は9時36分で、オフィスの始業に間に合わないが、これは東京駅では7時30分から9時30分までに到着する上りは通勤対応列車を優先し、優等列車をホームに入れさせなかったのが理由である。

急行銀河（1977.3現在）

← 103レ　大阪行き　　　　　　　　　　　　　　　　　　　　　　　104レ　東京行き →

	①	②	③	④	⑤	⑥	⑦	⑧	⑨	⑩	⑪
電源	A寝台	B寝台	B寝台	B寝台	B寝台	B寝台	B寝台	B寝台	B寝台	B寝台	B寝台
カヤ21	ナロネ21	ナハネ20	ナハネ20	ナハネ20	ナハネ20	ナハネフ23	ナハネ20	ナハネフ20	ナハネ20	ナハネ20	ナハネフ22

104レ　大阪発東京行き急行「銀河」EF58 20系客車　12連　*1980. 3.30* 東海道本線 湯河原〜真鶴

1976年2月に20系化された当時、"急行列車に列車名表示は過剰サービス"ということで、1年以上もの間バックサインは白地だけだった「銀河」だが、「急行 EXPRESS」表示を経て1980年頃からは、写真のように特急並みの美しいイラスト表示になる。編成の最後尾はカニ21改造のカヤ21。急行使用時の20系は各車両の空気バネや、トイレ・洗面所などに空気を供給するため、荷物室を機械室に変更し、空気圧縮機が搭載されたことによる形式変更である。

8404レ　秋田発上野行き急行「おが」EF65PF 20系客車　12連　*1985. 8. 3* 東北本線 尾久〜上野

上野〜秋田間急行「おが」のうち客車列車は、特急「あけぼの」登場により1970年10月以後は多客時運転の季節列車に格下げされる。そして、1980年10月からは14系座席車での運転となるが、1983年7月からは「津軽」と車両交換をし、「十和田方式」での20系が使用される。1985年3月改正では「おが」は臨時列車になるが、20系はB寝台車のみでの編成となり、JR化後も運転を継続。20系では定期運転のなかった「おが」は、細く長く生き延びた列車だった。

1101レ　上野発仙台行き急行「新星」ED75　20系客車　9連　*1980. 4.24*　東北本線 大河原～船岡

急行では「銀河」に次いで1976年9月に20系化された列車が「新星」。従来から寝台列車のため、A寝台1両、B寝台7両、それに電源車カヤ21での編成である。1975年3月に特急に格上げされた盛岡特急「北星」も14系化される1978年10月までは20系編成だったので、上野～仙台間では同じ車両形式での特急と急行が並走する姿が見られた。写真は桜満開の中で朝を迎えた下り「新星」。

急行新星（1980.6 現在）

← 1102レ 上野行き							1101レ 仙台行き →
①	②	③	④	⑤	⑥	⑦	⑧
電源	A 寝台	B 寝台	B 寝台	B 寝台	B 寝台	B 寝台	B 寝台
カヤ21	ナロネ21	ナハネ20	ナハネ20	ナハネ20	ナハネ20	ナハネ20	ナハネフ22

204レ　青森発上野行き急行「十和田4号」20系客車
12連　*1980. 5*　常磐線 北千住～南千住

20系急行として1977年10月から1982年11月までの5年間活躍した「十和田」。⑪号車は所定ではナハネフ22だが、ナハネフ23が入ることもあった。テールサインを「急行」と「EXPRESS」に分けているのは粋な計らいといえよう。

203レ　上野発青森行き急行「十和田3号」ED75　20系客車
12連　*1980. 9.30*　東北本線 一戸～北福岡（現二戸）

20系急行下り「十和田」が岩手県内の東北本線を行く。1971年9月までの特急「ゆうづる」を再現するようなシーンだ。

急行十和田 3—4 号（1980.6 現在）

← 204レ 上野行き										203レ 青森行き →
①	②	③	④	⑤	⑥	⑦	⑧	⑨	⑩	⑪
電源	指	指	指	B 寝台	A 寝台	B 寝台	B 寝台	B 寝台	B 寝台	B 寝台
カヤ21	ナハ21	ナハ21	ナハ21	ナハネ20	ナロネ21	ナハネ20	ナハネ20	ナハネ20	ナハネ20	ナハネフ22

402レ　青森発上野行き急行「津軽」ED75　20系客車　11連　*1983. 3. 3* 奥羽本線 鶴ヶ坂〜大釈迦

東北新幹線大宮暫定開業の1982年11月改正で20系「十和田方式」の編成になった急行「津軽」。ナロネ21改造のナハ21・3両は自由席車としての扱いだったが、定員不足が大問題となり、1983年7月からは14系座席車での編成に変更された。写真のED75型の次位にカヤ21、そして3両のナハ21が続く。

急行津軽 （1982.11 現在）

←402レ 上野行き　　　　　　　　　　　　　　　　　403レ 青森行き →

	①	②	③	④	⑤	⑥	⑦	⑧	⑨	⑩
電源	指	指	指	B寝台	A寝台	B寝台	B寝台	B寝台	B寝台	B寝台
カヤ21	ナハ21	ナハ21	ナハ21	ナハネ20	ナロネ21	ナハネ20	ナハネ20	ナハネフ20	ナハネ20	ナハネフ22

冬の日本海の荒波が打ち寄せる海岸部を行く秋田行き急行「天の川」。同じ起終点間を結ぶ特急「出羽」と異なり、「天の川」は上野〜新潟間急行を秋田へ延長した列車のため、新潟に立ち寄る。また、A寝台には庄内地方や秋田のほか、新潟までの固定需要もあるため、20系急行としては唯一、電源車カヤ21の後ろにナロネ21を2両連結していた。

801レ　上野発秋田行き
急行「天の川」EF81　20系客車　11連
1984. 3. 1 羽越本線 あつみ温泉〜五十川

急行天の川 （1984.2 現在）

←802レ 上野行き　　　　　　　　　　　　　　　　　801レ 秋田行き →

	①	②	③	④	⑤	⑥	⑦	⑧	⑨	⑩
電源	A寝台	A寝台	B寝台	B寝台	B寝台	B寝台	B寝台	B寝台	B寝台	B寝台
カヤ21	ナロネ21	ナロネ21	ナハネ20	ナハネ20	ナハネ20	ナハネ20	ナハネ20	ナハネ20	ナハネフ20	ナハネフ22

126レ　大社発出雲市行き普通　DD51　20系客車ほか　12連　*1979.5.2* 大社線 大社

大社駅に到着した705～125レは機回しを行なったあと、出雲市行き普通列車になる。いわゆる回送列車の客扱いで、1978年10月から「だいせん5号」ともに20系「十和田方式」になった126レでは、ナハ21の①～③号車だけが乗車可能だった。夜行「だいせん」の20系での運転は国鉄末期の1986年10月まで続けられた。

急行だいせん5―6号（1984.2現在）

← 705～3735～135レ　大社行き　　　　　　　　　　　　　　706レ　大阪行き　→

				①	②	③	④	⑤	⑥	⑦	⑧
郵・荷	荷物	荷物	電源	指	指	指	B寝台	B寝台	B寝台	B寝台	B寝台
スユニ50	マニ50	マニ50	カヤ21	ナハ21	ナハ21	ナハ21	ナハネ20	ナハネ20	ナハネ20	ナハネ20	ナハネフ22

大阪から「だいせん5号」として6時50分に出雲市に着いた705レは、同駅から普通125レになって終点大社を目指す。写真は大社駅1番ホームに到着時の姿。出雲大社を模した荘厳な"お宮づくり"の駅舎の屋根部分が見える。その1番ホームに比べキハ30が停車する島式の2・3番ホームは上屋が短く貧素な感じだ。大社線は第二次特定地方交通線に指定されたため、JR化後の1990年に廃止されるが、1970年代に長大編成列車が走った線区としては特異な例である。

705・125レ　大阪発大社行き（出雲市まで急行「だいせん5号」）20系客車ほか　12連　*1979.5.2* 大社線 大社

102レ　西鹿児島発門司港行き急行「かいもん」ED76　20系＋12系客車ほか　8連　*1985. 4. 6　鹿児島本線 新中原〜小倉*

九州内の夜行急行列車冷房化のため、1978年3月以来20系寝台車と座席車の12系、それに荷物車のマニ50を連結して運転中の「かいもん」。この場合、20系の電源は12系のスハフ12から供給されるため、20系のナハネフ22とナハネ20はシステム的には12系の一員である。そのため、上部のクリーム帯が省略されたほか、1000並びに2000の番台区分が設けられている。

急行かいもん（1985.4現在）

← 101レ 西鹿児島行き						102レ 門司港行き →	
増	①	②	③	④	⑤	⑥	
荷物	自	自	自	自	指	B寝台	B寝台
マニ50	オハフ13	スハフ12	オハ12	オハ12	スハフ12	ナハネ20	ナハネフ22

大阪〜長野間急行「ちくま」のうち、定期夜行列車は長らくキハ57・58系気動車で運転されていたが、居住性改善のため1978年10月改正から20系＋12系での運転になる。写真手前3両が20系だが、上部のクリーム帯が消されたせいか、流麗なはずのナハネフ22は額の広さがやけに目立つのが残念。列車は犀川橋梁を渡ると終点長野はもうすぐだ。乗客たちは下車の準備を始めていることだろう。

4801レ　大阪発長野行き
急行「ちくま1号」20系＋12系客車　10連
1985. 8. 5　信越本線 川中島〜安茂里

急行ちくま 1—2号（1985.4現在）

←4802レ 大阪行き								4801レ 長野行き →	
①	②	③	④	⑤	⑥	⑦	⑧	⑨	⑩
B寝台	B寝台	B寝台	指	指	指	指	自	自	自
ナハネフ22	ナハネ20	ナハネ20	スハフ12	スハフ12	スハフ12	オハ12	オハ12	オハ12	スハフ12

14系寝台列車

1958年の登場時には「動くホテル」と絶賛された20系も、以後の日本人の体位向上などにより52cmのベッド幅は窮屈になってきた。また、運用者サイドからも走行中でのベッドのセットと解体は、人手を要するほか作業も大変だった。こうした双方の問題点を解決すべく、ベッドを70cmに拡幅し、寝台自動昇降装置を取り付けた車両が14系である。形式番号が20代から10代に後戻りしたのは、14系では当時の「さくら」や「あかつき」のように分割・併合を行なう列車の場合は、20系のように集中電源方式よりも、12系座席車のように電源装置を持つ車両を分散させた方が有利であり、12系のシステムを採用したからに他ならなかった。いわば、12系の寝台特急バージョンである。14系は1971年から1972年にかけて製造され、当初は東京／関西～九州間で使用された。新機軸採用のほか、運用面でも小回りが利くなどブルトレの決定版のように思われた14系だが、1972年11月の北陸トンネル列車火災事故での発火源対策として、再び集中電源方式が見直されたことで、製造は188両にとどまった。

12レ博多発東京行き特急「あさかぜ3号」14系客車　14連　1973.12.9　東海道本線　川崎～品川

東京～九州間特急の総帥格列車「あさかぜ」が3往復運転されていた1970年代前半の時代、そのうちの東京～博多間1往復は14系で運転され、B寝台の広いベッドが好評で選んで乗車する常連のビジネス客も少なくなかった。20系と異なり分散電源方式のため、編成の両端には12系の屋根を深くしたような、貫通型のスハネフ14が入るのは致し方ないところ。この14系「あさかぜ」は新幹線博多開業の1975年3月改正で廃止されたため、活躍期間はわずか3年に過ぎなかった。

特急あさかぜ 2—3号 （1973.10 現在）

← 11レ 博多行き　　　　　　　　　　　　　　　　　　　　　　　　　　　　　　　　　　　　　　　12レ 東京行き →

①	②	③	④	⑤	⑥	⑦	⑧	⑨	⑩	⑪	⑫	⑬	⑭
B寝台	A寝台	B寝台	B寝台	食堂	B寝台	B寝台	B寝台	B寝台	B寝台	B寝台	B寝台	B寝台	B寝台
スハネフ14	オロネ14	オハネ14	オハネ14	オシ14	オハネ14	オハネ14	スハネフ14	スハネフ14	オハネ14	オハネ14	オハネ14	オハネ14	スハネフ14
東京～博多								東京～下関					

２レ長崎・佐世保発東京行き特急「さくら」EF65PF　14系客車　14連　*1978.10.22*　東海道本線　真鶴〜根府川

東海道本線の撮影名所白糸川橋梁の真鶴側からは、長大編成列車も全体が俯瞰できる。東京行き特急「さくら」は手前８両が長崎からの基本編成で、２両目がA寝台のオロネ14、６両目が食堂車オシ14である。それ以外の車両は、佐世保編成を含めすべてB寝台で20系ほどの華やかさはないが、A寝台と食堂車の連結で東京〜九州間ブルトレの地位を守っている。白糸川橋梁での上りブルトレ撮影は、この「さくら」が打ち止めである。

特急さくら（1978.10 現在）

← 1レ 長崎行き・1〜4001レ佐世保行き

2レ・4002〜2レ 東京行き →

①	②	③	④	⑤	⑥	⑦	⑧	⑨	⑩	⑪	⑫	⑬	⑭
B寝台	A寝台	B寝台	B寝台	B寝台	食堂	B寝台	B寝台	B寝台	B寝台	B寝台	B寝台	B寝台	B寝台
スハネフ14	オロネ14	オハネ14	オハネ14	オハネ14	オシ14	オハネ14	スハネフ14	スハネフ14	オハネ14	オハネ14	オハネ14	オハネ14	スハネフ14

東京〜長崎	東京〜佐世保

幅広く活躍した14系列車

　当初は東京や関西から、おもに分割・併合を主とする九州行き特急に使われた14系だが、新幹線博多開業の1975年3月からは東京〜山陰・南紀間の「いなば・紀伊」、14系15型が新製された1978年10月からは東京以北の「北陸」「北星」「ゆうづる」にも使用される。その後、一部は14系座席車と組み急行にも使用された。

東海道本線内を14両のフル編成で走る上り「みずほ」。20系時代の1968年10月に、東京〜熊本間を博多での切り離しを省略した15両で通すようになり、1972年3月の14系化の際も引き継がれる。20系よりも分割・併合運転に適した14系だが、単独運転の「みずほ」が選ばれたのは、「あさかぜ2−3号（当時）」や「さくら」同様、1本の編成を2日で起終点を往復できる運用が買われたのが理由だった。

6レ　熊本発東京行き特急「みずほ」EF65P 14系客車　14連
1974.12.15　東海道本線 湯河原〜真鶴

1レ東京発長崎行き特急「さくら」ED73　14系客車　8連　*1980. 3.19　長崎本線　多良〜肥前大浦*

　肥前山口で長崎・佐世保の両方向に分かれた「さくら」の長崎編成は、ED73型の牽引のままA寝台車・食堂車込みの8両で終点・長崎を目指す。肥前山口〜諫早間の長崎本線は有明海に沿った単線の絶景区間を走るが、山がそのまま海に突入するような地形のため、スピード運転には不向きなのが難点だった。

特急みずほ（1974.10 現在）

← 5レ　熊本行き　　　6レ　東京行き →

①	②	③	④	⑤	⑥	⑦	⑧	⑨	⑩	⑪	⑫	⑬	⑭
B寝台	A寝台	B寝台	B寝台	B寝台	食堂	B寝台	B寝台	B寝台	B寝台	B寝台	B寝台	B寝台	B寝台
スハネフ14	オロネ14	オハネ14	オハネ14	オハネ14	オシ14	オハネ14	スハネフ14	スハネフ14	オハネ14	オハネ14	オハネ14	オハネ14	スハネフ14

3001レ　上野発金沢行き特急「北陸」EF58　14系客車　12連　*1979. 8.19*　上越線 水上

急行から格上げとはいえ、1975年3月改正で上越線では初のブルトレになった「北陸」は、陳腐化が進む20系での運転のため人気はイマイチだったが、1978年10月にベッド幅の広い14系に置換えられ、面目を一新する。上越線の水上～石打間は途中、三国山脈を貫く清水トンネル付近で20‰勾配が存在するため、下り「北陸」は水上駅でEF58型の前にEF16型を連結し、重連運転で深夜の山越えに挑んだ。

特急北陸（1974.10 現在）

← 3002レ　上野行き　　　　　　　　　　　　　　　　　　　　　　　　3001レ　金沢行き　→

①	②	③	④	⑤	⑥	⑦	⑧	⑨	⑩	⑪	⑫
B寝台	A寝台	B寝台	B寝台	B寝台	B寝台	B寝台	B寝台	B寝台	B寝台	B寝台	B寝台
スハネフ14	オロネ14	オハネ14	オハネ14	オハネ14	スハネフ14	スハネフ14	スハネフ14	スハネフ14	オハネ14	オハネ14	スハネフ14

東京～紀伊勝浦間特急「紀伊」の運転を終えた14系客車は、新宮に回送され新宮運転区で整備を受ける。「紀伊」の紀勢本線内は1975年3月の運転開始から1980年初頭まではDF50型が牽引していた。1975年頃の南紀地方は新婚旅行客の行き先地でもあったので、オールB寝台の14系付属編成でそのまま使うのではなく、オロネ14を連結するなどの工夫が欲しいところだった。

特急「紀伊」用編成　DF50　14系客車　6連　*1978. 5.30*　紀勢本線 新宮

特急いなば・紀伊（1978. 3 現在）

← 2003レ米子行き・2003～4003レ紀伊勝浦行き　　　　　　　　　　　　2004・4004～2004レ　東京行き　→

①	②	③	④	⑤	⑥	⑦	⑧	⑨	⑩	⑪	⑫	⑬	⑭
B寝台	A寝台	B寝台	B寝台	B寝台	食堂 (休)	B寝台	B寝台	B寝台	B寝台	B寝台	B寝台	B寝台	B寝台
スハネフ14	オロネ14	オハネ14	オハネ14	オハネ14	オシ14	オハネ14	スハネフ14	スハネフ14	オハネ14	オハネ14	オハネ14	オハネ14	スハネフ14
東京～米子（いなば）							東京～紀伊勝浦（紀伊）						

回24レ　（西鹿児島発新大阪行き特急「あかつき5号」）EF58 14系客車　13連　*1975. 2.9*　東海道本線 高槻～山崎

日豊本線南宮崎電化から新幹線博多開業までの1年弱は、関西～九州間特急「あかつき」にとっての黄金時代に当たり、鹿児島・長崎方面へ計7往復が運転され、当時のブルトレ全4形式（20系・14系・24系・24系25型）が使用されていた。中でも分割・併合に適した14系列車は「あかつき」の中心勢力で3往復の設定だった。写真は上り「あかつき5号」の回送列車で、3月10日のダイヤ改正での転配に備え、⑥号車のオシ14は編成から外されている。

特急あかつき 2─5 号 (1975.2 現在)

①	②	③	④	⑤	⑦	⑧	⑨	⑩	⑪	⑫	⑬	⑭
B寝台	A寝台	B寝台	B寝台	B寝台	B寝台	B寝台	B寝台	B寝台	B寝台	B寝台	B寝台	B寝台
スハネフ14	オロネ14	オハネ14	オハネ14	オハネ14	オハネ14	スハネフ14	スハネフ14	オハネ14	オハネ14	オハネ14	オハネ14	スハネフ14
新大阪～西鹿児島							新大阪～熊本					

14系15型寝台列車

　24系の二段B寝台車を中心とする形式が24系25型なら、14系のそれは14系15型である。しかし、24系25型にはA寝台車や電源車の形式があるが、14系15型は1978年10日ダイヤ改正で、それまで関西～九州間で使用されていた14系ブルトレの置換えが目的だったため、B寝台車2形式だけの世帯で、製造はオハネ15が42両、スハネフ15は21両にとどまった。製造年との関係で二段のベッドは固定化されたため、側面窓の高さが山側と海側とで異なるほか、スハネフ15の妻面の形状は実用本位の切妻に近い形となり、一般型客車のような吊り幌が復活するなど、特急用車両としては"華"が感じられない車両になってしまったのは残念だった。

42レ 西鹿児島（現鹿児島中央）・長崎発新大阪行き特急「明星・あかつき4号」EF65PF 14系客車15型13連
1985.5.10 東海道本線 尼崎～塚本

関西～九州間ブルトレは九州内では1984年2月、本州内も1985年3月改正から機関車のヘッドマークが復活。「明星・あかつき」の併結列車には双方の列車名を掲げたマークが掲げられた。基本編成の7両は西鹿児島発の「明星」なので、「明星」の文字が上にかかれているのも律儀なところ。こうしたネームを別にした併結列車が運転されるあたり、利用客減が進む関西～九州間列車も存廃の帰路に立たされているようだ。

特急明星・あかつき1—4号（1985.4現在）

← 41レ 西鹿児島行き・41～4041レ長崎行き　　　　　　　　　　42レ・4042～42レ 新大阪行き →

①	②	③	④	⑤	⑥	⑦	⑧	⑨	⑩	⑪	⑫	⑬
B寝台	B寝台	B寝台	B寝台	B寝台	B寝台	B寝台	B寝台	B寝台	B寝台	B寝台	B寝台	B寝台
スハネフ15	オハネ15	オハネ15	オハネ15	オハネ15	オハネ15	スハネフ15	スハネフ15	オハネ15	オハネ15	オハネ15	オハネ15	スハネフ15
新大阪～西鹿児島（明星）							新大阪～長崎（あかつき）					

筑豊本線の沿線は石炭産業で栄えていたこともあり、戦後は東京や京阪神から直通の優等列車が運転されていた。「あかつき」はその末裔に当たり、1978年10月改正から新大阪～佐世保間編成が黒崎～原田間を筑豊本線経由で走る。筑紫山地の冷水峠越えは難所だが、14系15型の短編成であるためDD51型は単機で難なく牽引する。

4047レ 新大阪発佐世保行き
特急「あかつき3号」
DD51 14系客車15型6連
1984. 3.13 筑豊本線
筑前内野～筑前山家

特急あかつき3―2号（1984. 2 現在）

← 45レ 長崎行き・45～4047レ佐世保行き　　44レ・4046～44レ 新大阪行き →

①	②	③	④	⑤	⑥	⑦	⑧	⑨	⑩	⑪	⑫	⑬
B寝台	B寝台	B寝台	B寝台	B寝台	B寝台	B寝台	B寝台	B寝台	B寝台	B寝台	B寝台	B寝台
スハネフ15	オハネ15	オハネ15	オハネ15	オハネ15	スハネフ15	スハネフ15	オハネ15	オハネ15	オハネ15	オハネ15	オハネ15	スハネフ15
新大阪～長崎						新大阪～佐世保（筑豊経由）						

4041レ 新大阪発長崎行き特急「あかつき1号」　ED76　14系客車15型6連　1985. 4. 4　長崎本線　肥前飯田～多良

ED76型に牽かれて長崎本線を行く下り「あかつき1号」。鳥栖までは西鹿児島行きの「明星」と併結だが、鳥栖～長崎間は6両での運転となる。ブルトレでも14系15型は当時としては最新の形式だが、この角度からモノクロ写真で見る限りでは、「あかつき」のテールサインがないと種別が特急とは判別しにくい。

601レ 上野発金沢行き急行「能登」EF81　14系客車ほか　9連　*1985. 4.28*　北陸本線　福岡〜石動

昇ったばかりの太陽の光を浴び、北陸本線の田園地帯を行く急行「能登」。EF81型の後方にマニ50と14系寝台車3両、それに同座席車5両が続く、いかにも急行らしく様々な旅客のニーズに合わせた編成だ。急行「能登」が14系での編成になるのは1982年11月改正のこと。それ以前は上越線経由で、一般型客車による編成だった。

急行能登（1985.4 現在）

← 602レ 上野行き							601レ 金沢行き →
	①	②	③	④	⑤	⑥	⑦	⑧
荷物	B寝台	B寝台	B寝台	自	自	自	自	自
マニ50	スハネフ14	オハネ14	オハネ14	オハフ15	オハ14	オハ14	オハ14	スハフ14

26〜27ページの写真と同日に撮影された急行「能登」上り列車。特急「北陸」が上越線経由でEF64 1000番台の牽引に対し、「能登」は信越本線経由であるため、高崎以南はEF65PF型が牽いている。「北陸」と「能登」の両上り列車はほぼ同じ時刻で金沢〜上野間を結ぶ。寝台客車はどちらも14系だが、「北陸」用B寝台車は二段化されているのに、「能登」は三段のままであるのが、"特急と急行の違い"である。

602レ 金沢発上野行き急行「能登」EF65PF　14系客車ほか　9連　*1985. 4. 17*　高崎線　北本〜桶川

301 ～ 2321レ 上野発直江津行き（長野まで急行「妙高」）　14系客車　8連　*1983. 3.23*　信越本線　二本木～新井

1982年11月改正で「能登」同様に14系寝台車＋座席車の編成に置換えられた急行「妙高」。下り列車の急行区間は長野までなので、写真の区間では普通列車として地域の始発列車を兼ねる。新井や高田、直江津への通勤・通学には少し早いが、特急「あさま」と同様の簡易リクライニングシートを、特別料金なしで利用できる新潟県上越地方の人々を羨ましく思ったものだ。

急行妙高（1983.3 現在）

← 2322 ～ 302 レ　上野行き					301 ～ 2321 レ直江津行き　→		
①	②	③	④	⑤	⑥	⑦	⑧
B寝台	B寝台	B寝台	自	自	自	自	自
スハネフ 14	オハネ 14	オハネ 14	オハフ 15	オハ 14	オハ 14	オハ 14	スハフ 14

601レ 上野発金沢行き急行「能登」　14系寝台・座席客車ほか　9連　*1982.11.18*　信越本線　横川

金沢行き急行「能登」の④号車のオハフ15と、③号車のオハネ14の連結部。14系は寝台車・座席車とも電源措置が類似しているので、併結に問題はないが、屋根の形状は大きく異なっている。補助機関車のEF63を後部に2両連結し、横川発車は深夜の 23時03分。

14系列車の急行運用

　臨時特急用として製造された14系座席車の急行運用は1975年3月の、"悪名高い"全車座席指定の関西～九州間の「阿蘇」「雲仙・西海」「くにさき」から始まる。東北・上越新幹線大宮暫定開業の1982年11月改正からは、それまで一般型客車で運転されていた夜行急行のグレードアップを図るべく、14系寝台車の急行転用が開始される。しかし、当時すでに一般型客車の寝台車だけで運転される列車は存在しなかったので、夜行急行の14系は寝台車＋座席車での使用が主力となる。同改正から翌1983年にかけては、写真の「能登」「妙高」「利尻」「大雪」のほか、「きたぐに」や「まりも」がこうしたスタイルで運転される。車両形式との関係でグリーン車はなく、A寝台車を連結するのも「きたぐに」だけで、他の列車はB寝台＋普通車の編成だったが、居住性が特急と遜色がないことで利用客から好評で迎えられた。

318レ　稚内発札幌行き急行「利尻」ED76 500　14系客車ほか　7連　*1985. 6. 7*　函館本線　豊幌～江別

夕張川橋梁を渡り終点札幌も間近い稚内からの夜行急行「利尻」。1983年4月に14系寝台車＋同座席車の編成が完成するが、新聞や郵便の輸送も行なうため、50系のマニ50とスユニ50を連結している。牽引機は正面貫通型のED76 500番台だが、パンタグラフは札幌方の1基だけを使用しているのが特徴。

急行利尻（1985.4 現在）

←318レ　札幌行き　　　　　　　　　　　　　　　317レ　稚内行き　→

		①	②	③	④	⑤	⑥
郵・荷	荷物	B寝台	B寝台	指	自	自	自
スユニ50	マニ50	スハネフ14	オハネ14	オハ14	オハ14	オハ14	スハフ14

1985年3月改正時点で石北本線急行「大雪」は2往復運転され、昼行は旭川～遠軽間だけを急行で走る気動車列車、夜行は「利尻」同様14系寝台車＋同座席車の編成だった。所定の編成は7両だが、梅雨のない北海道では絶好の行楽シーズンなのに、寝台車を1両減車して運転されているのは、利用客数が低迷している証でもあり、気がかりでもある。

513レ　札幌発網走行き
急行「大雪3号」DD51　14系客車ほか　6連
1985. 6. 6　石北本線　美幌～西女満別

急行大雪3―4号（1985.4 現在）

←514レ　札幌行き　　　　　　　　　513レ　網走行き　→

		①	②	③	④	⑤
荷物	郵・荷	B寝台	B寝台	B寝台	指	自
マニ50	スユニ50	スハネフ14	オハネ14	オハネ14	オハ14	スハフ14

24系寝台列車

　81ページで述べたように北陸トンネル列車火災事故を教訓に、14系を集中電源方式としたのが24系である。もともと14系の増備車となるべき車両だったため、電源車は荷物室の設備のないマヤ24とされるが、スハネフ14を非貫通とした形態のため、垢抜けしたデザインではなかった。また、24系は関西～九州間のブルトレ増強のため、A寝台車と食堂車が製造されるが、結果的に開放型のA寝台車と食堂車の新製はこれが最後となった。さらに以後のB寝台車は二段式となるため、24系は1973年だけの製造で総数も118両にとどまった。24系は1975年以後、東京～九州・山陰間の「はやぶさ」「富士」「出雲」、その後は「ゆうづる」や「あけぼの」「日本海」としても使用された。

8レ　西鹿児島（現鹿児島中央）発東京行き特急「富士」EF65P　24系客車　14連　*1975.3.11*　東海道本線 川崎～品川

1975年3月改正で20系から24系に置換えられたばかりの特急「富士」が、東京に向けてラストスパート。24時間以上の超長旅も終わりに近づく。24系の編成の中で最後尾は24系25型の一員であるカニ24。電源荷物車のマイクロスカートは相変わらずだが、カニ24では車体のラインはステンレス帯になっており、下部のラインは乗員室で切られているため、妻面は特急車としては何とも締まらないスタイルである。

特急富士（1975.3 現在）

← 7レ　西鹿児島行き　　　　　　　　　　　　　　　　　　　　　　　　　　　　　　　　8レ　東京行き →

	①	②	③	④	⑤	⑥	⑦	⑧	⑨	⑩	⑪	⑫	⑬
荷物	A寝台	B寝台	B寝台	B寝台	食堂	B寝台	B寝台	B寝台	B寝台	B寝台	B寝台	B寝台	B寝台
カニ24	オロネ24	オハネ24	オハネ24	オハネ24	オシ24	オハネフ24	オハネフ24	オハネ24	オハネ24	オハネフ24	オハネ24	オハネ24	オハネフ24
東京～西鹿児島							東京～大分						

8レ　西鹿児島（現鹿児島中央）発東京行き特急「富士」EF65P　24系客車　14連　*1976. 3.21*　東海道本線 三島〜函南

富士山とブルートレインがぴったり収まる三島〜函南間の竹倉付近を行くEF65P型が牽く24系特急「富士」。オハネフ24が機関車の次位になる上り列車では、14系との区別はなかなか付きにくい。24系が安泰と思われた東京〜九州間ブルトレだが、1976年10月には24系25型化されるので、活躍期間はわずか1年半で終わった。

回30レ　（西鹿児島発新大阪行き特急「あかつき4号」）　EF65P　24系客車　14連　*1975. 2.9*　東海道本線 高槻～山崎

関西～九州間ブルトレでは20系や14系のイメージが強い「あかつき」だが、新幹線博多開業直前では7往復中、新大阪～西鹿児島間の4─4号が24系の編成で運転されていた。この24系の編成は1975年3月改正後も、ほぼそのままの形で東京始終着の「はやぶさ」「富士」に使用されるため、食堂車の営業も実施されていた。

特急あかつき 4─4号 （1975.2 現在）

← 29レ　西鹿児島行き

30レ　新大阪行き　→

	①	②	③	④	⑤	⑥	⑦	⑧	⑨	⑩	⑪	⑫	⑬
電源	A寝台	B寝台	B寝台	B寝台	食堂	B寝台	B寝台	B寝台	B寝台	B寝台	B寝台	B寝台	B寝台
カヤ24	オロネ24	オハネ24	オハネ24	オハネ24	オシ24	オハネ24	オハネフ24	オハネフ24	オハネ24	オハネ24	オハネ24	オハネ24	オハネフ24
	新大阪～西鹿児島						新大阪～熊本						

東京以北のブルートレイン新型化の遅れを象徴するかのように、1975年3月改正後も20系のままで残されていた客車「ゆうづる」4往復も、東京～九州間特急からの捻出車とはいえ、1976年10月にはすべて24系化される（その後1978年10月に1往復が14系に変更）。この下り7号の電源車はカヤ24で、編成全体が白帯で揃っていた。

5007レ　上野発青森行き
特急「ゆうづる7号」24系客車　12連
1980. 9.30　東北本線 一戸～北福岡（現二戸）

特急ゆうづる 7─4号 （1980.6 現在）

←　5008レ上野行き

5007レ　青森行き　→

	①	②	③	④	⑤	⑥	⑦	⑧	⑨	⑩	⑪
荷物	A寝台	B寝台	B寝台	B寝台	B寝台	B寝台	B寝台	B寝台	B寝台	B寝台	B寝台
カヤ24	オロネ24	オハネ24	オハネ24	オハネ24	オハネフ24	オハネフ24	オハネ24	オハネ24	オハネ24	オハネ24	オハネフ24

1001レ　上野発青森行き特急「あけぼの1号」ED75 700　24系客車　12連　*1985. 6. 8*　奥羽本線 白沢〜陣場

矢立峠付近の新線区間を行く青森行き特急「あけぼの1号」。1987年11月改正で上野〜秋田／青森間3往復運転となった「あけぼの」のうち、24系での青森直通列車は1―6号だけだった。白沢〜陣場間は一見単線のように見えるが、これは同区間の複線化に際しトンネルでぬける下り線用の新線を建設し、離れた位置にある在来線を上り線用に使用したからである。

特急あけぼの 1―6 号（1985.4 現在）

← 1006 レ上野行き										1001 レ 青森行き →
①	②	③	④	⑤	⑥	⑦	⑧	⑨	⑩	⑪
荷物	A寝台	B寝台	B寝台	B寝台	B寝台	B寝台	B寝台	B寝台	B寝台	B寝台
カニ24	オロネ24	オハネ24	オハネ24	オハネ24	オハネ24	オハネフ24	オハネフ24	オハネ24	オハネ24	オハネフ24

正面が雪まみれのEF81型が牽く特急「出羽」が日本海沿いに終点秋田を目指す。穀倉地帯で海と里の幸に恵まれる庄内地方であるが、早春の気候はまだまだ厳しい。78ページの「天の川」と異なり、機関車の次位がB寝台のオハネフ24であるのは、下り「出羽」は新津から直接羽越本線に直進するのが理由。

2001レ　上野発秋田行き
特急「出羽」EF81　24系客車　12連
1984. 3. 2 羽越本線 吹浦〜小砂川

特急出羽（1985.4 現在）

← 2002 レ上野行き										2001 レ 秋田行き →
①	②	③	④	⑤	⑥	⑦	⑧	⑨	⑩	⑪
荷物	A寝台	B寝台	B寝台	B寝台	B寝台	B寝台	B寝台	B寝台	B寝台	B寝台
カニ24	オロネ24	オハネ24	オハネ24	オハネ24	オハネ24	オハネフ24	オハネフ24	オハネ24	オハネ24	オハネフ24

10レ　博多発東京行き特急「あさかぜ4号」ED76　24系25型客車　14連　*1984.3.11*　鹿児島本線 赤間〜海老津

特急あさかぜ 1—4 号（1984.2 現在）

←9レ 博多行き　　　　　　　　　　　　　　　　　　　　　　　　　10レ 東京行き →

①	②	③	④	⑤	⑥	⑦	⑧	⑨	⑩	⑪	⑫	⑬
荷物	個A寝台	B寝台	B寝台	B寝台	B寝台	B寝台	食堂	B寝台	B寝台	B寝台	B寝台	B寝台
カニ24	オロネ25	オハネ25	オハネ25	オハネ25	オハネ25	オハネフ25	オシ24	オハネ25	オハネ25	オハネフ25	オハネ25	オハネフ25

EF30型の独壇場だった関門トンネル区間の牽引機は、1974年からステンレス車体のEF81 300番台が参入。関門間の6.3kmだけを走るにはもったいないような電機である。1985年3月改正から「はやぶさ」にはフリースペースのロビーカーが登場。これに伴い、東京〜下関間のブルトレ牽引はEF66型になった。

3レ　東京発西鹿児島（現鹿児島中央）行き
特急「はやぶさ」EF81　24系25型客車　15連
1985. 3.24　山陽本線　下関〜門司

特急はやぶさ（1985.3 現在）

← 3レ 西鹿児島行き　　　　　　　　　　　　　　　　　　　　　　　　　　4レ 東京行き →

①	②	③	④	⑤	⑥	⑦	⑧	⑨	⑩	⑪	⑫	⑬	⑭
荷物	個A寝台	B寝台	B寝台	B寝台	B寝台	B寝台	食堂	ロビーカー	B寝台	B寝台	B寝台	B寝台	B寝台
カニ24	オロネ25	オハネ25	オハネ25	オハネ25	オハネ25	オハネフ25	オシ24	オハ24	オハネ25	オハネ25	オハネフ25	オハネ25	オハネフ25
東京〜西鹿児島								東京〜熊本					

24系25型寝台列車

　寝台車のベッド幅改善は14系と24系で達成されたが、今度は就眠時以外の居住性に問題のある三段式B寝台の構造が問題視されるようになる。そこで24系の1974年製の新製B寝台車からは24系25型として登場する。当時すでに食堂車が余剰になっていたことや、開放式のA寝台車は二段式B寝台車とは寝る方向が違うだけで居住性面は大差がないため、24系25型の寝台車はB寝台だけで製造された。また、電源車は荷物室付きに戻されカニ24として落成する。

　当初、関西～九州間や日本海縦貫線用として登場した24系25型は、1976年10月からは東京～九州・山陰間の「はやぶさ」「富士」「出雲」に使用するため、全車を1人個室としたA寝台車オロネ25が新製されるほか、B寝台車も寝台昇降を廃止、上段固定としたオハネ25、オハネフ25の100番台となる。以後24系25型は「あさかぜ」や「瀬戸」、東京以北では「ゆうづる」や「あけぼの」にも使用され、国鉄時代の新製両数は20系に次ぐ415両を数える。JR化後「北斗星」や「トワイライトエクスプレス」編成の主力として活躍したのも、この24系25型である。

20系時代の最盛期には15両中1等寝台車6両と1等座席車1両、それに食堂車を連結し"殿様あさかぜ"と謳われた列車も、1978年2月の24系25型置換えに際しては、目だつ車両といえばA個室寝台車のオロネ25と食堂車のオシ24だけという並みのブルトレになってしまった。しかし、当時食堂車連結のブルトレは東京～九州間列車と山陰直通の「出雲」だけで、それ以外は「ベッドに入れば寝るしかない」列車ばかりになっていた。

沖縄の本土返還を願う県民の総意として1968年10月に採用された「なは」の列車名は、1984年2月改正からは関西～九州間ブルートレインのネームになる。九州内では沖縄の夜空をイメージした真新しいヘッドマークを付けたEF76型が牽引。青を基調としたマークは機関車の赤と息がぴったりだった。

21レ　新大阪発西鹿児島（現鹿児島中央）行き特急「なは」
ED76　24系25型客車　7連
1984.2.7　鹿児島本線
川内～隈之城

特急なは（1984.2現在）

← 21レ　西鹿児島行き　　　　　　　　　　　　　　　　　　　　　　　　22レ　新大阪行き　→

	①	②	③	④	⑤	⑥	⑦	⑧	⑨	⑩	⑪	⑫	⑬
荷物	B寝台	B寝台	B寝台	B寝台	B寝台	B寝台	B寝台	B寝台	B寝台	B寝台	B寝台	B寝台	B寝台
カヤ24	オハネフ25	オハネ25	オハネ25	オハネ25	オハネ25	オハネフ25	オハネフ25	オハネ25	オハネ25	オハネ25	オハネ25	オハネ25	オハネフ25

新大阪～西鹿児島　　　　　　　　　　　　　　新大阪～熊本

3レ　上野発青森行き特急「ゆうづる3号」24系25型客車　12連　*1985. 5.31*　東北本線 奥中山〜小繋

常磐線経由の上野〜青森間夜行特急として数自慢を誇っていた「ゆうづる」も、東北新幹線上野開業の1985年3月改正で電車1往復・客車2往復に整理される。客車列車のうち3―2号が24系25型で、すべてB寝台車での編成だった。青森行きの最後尾にはカヤ24が付く。24系の車両なので窓下と下部に白線が入れられており、これだけでカヤ24の正面マスクは実物ほどには縦長に見えない。

特急ゆうづる 3―2 号（1985.4 現在）

← 2レ上野行き　　　　　　　　　　　　　　　　　　　　　　3レ　青森行き　→

①	②	③	④	⑤	⑥	⑦	⑧	⑨	⑩	⑪
電源	B寝台	B寝台	B寝台	B寝台	B寝台	B寝台	B寝台	B寝台	B寝台	B寝台	B寝台
カヤ24	オハネフ25	オハネ25	オハネ25	オハネ25	オハネ25	オハネフ25	オハネ25	オハネ25	オハネ25	オハネ25	オハネフ25

日本海縦貫線の南半分区間を行く「つるぎ」は、関西と新潟県中越地方を結ぶビジネス客の利用が目立つ列車で、車両の24系25型化は1976年2月に実施。当時の二段寝台はまだ昇降式だったため、窓の大きさは揃っていた。電源車も新製のカニ24がそのまま入ったことで、編成全体がステンレスのラインでつながり、24系25型列車としては整ったスタイルだった。

4005レ　大阪発新潟行き
特急「つるぎ」EF81　24系25型客車　12連
1985. 6.10　信越本線　矢代田～古津

特急つるぎ（1985.4 現在）

← 4006 レ大阪行き										4005 レ 新潟行き →
①	②	③	④	⑤	⑥	⑦	⑧	⑨	⑩	⑪
荷物	B寝台	B寝台	B寝台	B寝台	B寝台	B寝台	B寝台	B寝台	B寝台	B寝台
カニ 24	オハネフ 25	オハネ 25	オハネ 25	オハネ 25	オハネフ 25	オハネフ 25	オハネ 25	オハネ 25	オハネ 25	オハネフ 25

4003レ　大阪発青森行き特急「日本海3号」ED75　24系25型客車　12連　*1985. 6. 1　奥羽本線　浪岡～大釈迦*

日本海縦貫線特急「日本海」は1976年3月からブルトレの定期・季節列車の2往復体制になるが、24系25型は季節列車の方に早く導入され、「14系の定期より、季節列車の方が上等」と揶揄された。「日本海」2往復は所属車両基地の違いにより、使用車種も変化するが、1982年11月からJR化にかけての時期は2往復とも24系25型で運転された。秋田以北の奥羽本線では"郷に入っては郷に従え"とばかり、ED75 700番台が先頭に立つ。

特急日本海 3—2号（1985.4 現在）

← 4002 レ大阪行き										4003 レ 青森行き →
①	②	③	④	⑤	⑥	⑦	⑧	⑨	⑩	⑪
荷物	B寝台	B寝台	B寝台	B寝台	B寝台	B寝台	B寝台	B寝台	B寝台	B寝台
カニ 24	オハネフ 25	オハネ 25	オハネ 25	オハネ 25	オハネフ 25	オハネ 25	オハネ 25	オハネ 25	オハネ 25	オハネフ 25

8レ　宮崎発東京行き特急「富士」EF66　24系25型客車　14連　*1985. 3.12* 東海道本線 二宮〜大磯

国鉄電機では最大の出力を有し、貨物列車用とは思えないほどスタイルが良いEF66型がブルートレインを牽く姿は、鉄道ファンとしては憧れのシーンだった。それが、1985年3月改正で「はやぶさ」の15両編成化で定数増になったのを機に、東京〜下関間の全ブルトレで実現する。同時に「富士」のヘッドマークは戦前のテールサインをアレンジしたものに変更された。

特急富士（1985.3 現在）

←7レ 宮崎行き												8レ 東京行き →	
	①	②	③	④	⑤	⑥	⑦	⑧	⑨	⑩	⑪	⑫	⑬
荷物	個A寝台	B寝台	B寝台	B寝台	B寝台	B寝台	B寝台	食堂	B寝台	B寝台	B寝台	B寝台	B寝台
カニ24	オロネ25	オハネ25	オハネ25	オハネ25	オハネ25	オハネフ25	オハネフ25	オシ24	オハネ25	オハネ25	オハネフ25	オハネ25	オハネフ25
	東京〜宮崎							東京〜大分					

「はやぶさ」用　オハ24 700　*1985. 8. 2* 東海道本線 新橋〜品川

寝台特急利用客のくつろぎの場として、「はやぶさ」の⑨号車に連結されたロビーカーことオハ24型700番台。余剰となった食堂車オシ14からの改造で、車内にはソファと回転式シートが配置されていた。この車両の連結でEF66牽引が実現したのだから、ロビーカーは鉄道ファンの夢を叶えた立役者でもあった。

12系・14系座席列車

　国鉄一般型客車のうち、座席車の製造は1959年のナハ11型を最後に打ち切られていたが、日本万国博が開催されるのを機に、波動輸送の改善策として1969年6月から12系客車が製造される。それまでの普通（旧2等）座席車の概念を打ち破り、12系ではユニット式の二段式窓を持つ電車並みの車体を導入。車内の電灯や冷暖房などの電源は、スハフ12に搭載する発電エンジンで供給するといった新機軸が採用される。この電源方式は14系寝台車にも受け継がれた。12系は急行型のためボックスシートを有するが、特急型として座席を簡易リクライニングにグレードアップしたしたのが14系座席車である。両形式とも登場の経緯で新製は普通車形式しかなく、定期列車への投入までに時間を要したことは、勿体なかったような気がする。

8311レ　大阪発広島行き急行 8311レ「音戸51号」C62　12系客車　12連　*1969. 8. 3* 呉線 天応〜小屋浦

165系電車やキハ65型のような12系客車は1969年夏季輸送時から、全車座席指定の大阪〜広島間（山陽本線経由）間昼行急行「宮島51―52号」、同（呉線経由）夜行急行「音戸51―51号」として運転を開始する。1年後に電化が迫る呉線ではC62が牽引。戦後1948年の落成以来、動脈幹線で1等展望車を始め44系・10系・20系など、各時代における名車両を牽いてきた引退間近なC62にとって、最後に12系客車の先頭に立つことができたのは幸せだったといえよう。

7802レ 妙高高原発大阪行き急行 7802レ「ちくま1号」DD51 12系客車　10連　*1973. 4.29*　中央本線 須原〜大桑

撮影当時、大阪〜長野／妙高高原間で「ちくま」は3往復運転されており、定期の2―3号が57・58系気動車、残る2往復は客車による季節列車で1―1号が12系、3―2号は一般型客車による座席・B寝台列車とバラエティに富んでいた。写真の上り1号はかつての観光団体専用列車のスジを走る列車で、「ちくま」では唯一の昼行列車だった。

上野〜青森間で遅くまで一般型客車のまま残っていた急行「八甲田」は、1979年4月になって12系化され、冷房付き列車への仲間入りを果たす。しかし、牽引機EF58型の次位は貨車然としたパレット輸送用のスニ41なので、混合列車のような感じだ。

102レ　青森発上野行き急行「八甲田」EF58 スニ41＋12系客車　10連 *1980. 2.16*　東北本線 蓮田〜東大宮

急行八甲田（1980.6 現在）

| ← | 102レ上野行き | | | | | | | | | 103レ | 青森行き | → |

	①	②	③	④	⑤	⑥	⑦	⑧	⑨
荷物	指	自	自	自	自	自	自	自	自
スニ 41	スハフ 12	オハ 12	オハ 12	オハ 12	スハフ 12	オハ 12	オハ 12	オハ 12	オハフ 13

8001レ　上野発秋田行き特急「つばさ51号」EF65PF　14系客車　11連　*1975. 8.10*　東北本線　白岡〜久喜

「つばさ」が上野〜秋田間の在来線特急として活躍していた頃、多客期には必ずと言っていいほど運転されていた14系客車の臨時「つばさ」。同区間の波動輸送に大いに貢献したが、機関車交換のため黒磯・福島・山形で5分以上の停車をすることもあり、起終点間での到達時分は9時間02分で、181系気動車の定期「つばさ」より1時間以上遅かった。

新幹線博多開業後の1975年3月改正後も、関西〜九州間3往復の急行群のひとつとして残った「雲仙・西海」。客車の14系化に際し全車座席指定とされたため、周遊券利用客からの評判が悪く、その上翌年の運賃・料金値上げも重なって旅客数が低迷。1980年10月改正で廃止に追い込まれた。由緒あるネームの列車としては淋しすぎる晩節だった。

204レ　長崎・佐世保発新大阪行き急行「雲仙・西海」EF65PF　14系客車ほか12連
1979. 8.29 東海道本線 芦屋〜西ノ宮（現西宮）

急行雲仙・西海（1979.8 現在）

← 203レ長崎行き・203〜4203レ佐世保行き　　　　　　204レ・4204〜204レ　新大阪行き →

荷物	① 指	② 指	③ 自	④ 自	⑤ 自	⑥ 自	⑦ 自	⑧ 自	⑨ 自	⑩ 指	⑪ 指
マニ37	スハフ14	オハ14	オハ14	オハ14	オハ14	オハフ15	スハフ14	オハ14	オハ14	オハ14	オハフ15
	新大阪〜長崎（雲仙）						新大阪〜佐世保（西海）				

北海道向け14系座席列車

　1980年10月当時、北海道では夜行列車を中心に客車急行が4往復運転されていたが、客車の老朽化が激しく、特に冷房のない一般型普通車は評判が悪かった。北海道では窓の大きい12系は不向きなので、座席車として14系が投入されるが、酷寒冷地での使用のため、側出入口の折戸を引戸にするなど、耐寒耐雪工事が実施された。そして、1981年2月の「ニセコ」を皮切りに、夜行列車の座席部分も1982年11月までに完成を見る。寝台車部分の14系化は少し遅れるが、こちらも耐寒耐雪改造が実施されたことは記すまでもなかった。

104レ　札幌発函館行き急行「ニセコ」DD51重連 14系客車ほか10連　　*1982.3.7*　函館本線 小沢〜倶知安

函館〜小樽間の牽引機がC62型からDD51型に替わっても重厚な45系客車で運転されていた「ニセコ」は、北海道内の客車急行に先がけ、1981年2月に普通車が14系化される。4か所もの峠を越える長万部〜小樽間でのDD51型重連は相変わらずだが、近代的なDD51型には14系の方が似合っている感じがした。

急行ニセコ（1981.10 現在）

←　101レ札幌行き　　　　　　　　　　　　　　　　104レ　函館行き　→

①	②	③	④	⑤	⑥	⑦			
自	自	自	自	自	指	指	※荷物	※荷物	郵便
スハフ14	オハ14	オハ14	オハ14	オハ14	オハ14	スハフ14	マニ36	マニ36	オユ10

※＝下りのみ連結

4レ　大阪発東京行き特急「はと」EF58 一般型（44・10系）客車　*1960. 4*　東海道本線 京都〜山科　撮影：高橋正雄

未電化時代からの撮影名所である山科付近の大築堤を行く上り「はと」。東海道客車特急は上下列車とも機関車の次位にスハニ35が、最後尾にはマイテ58（「つばめ」はマイテ49）が連結され、終点では列車の方向転換が行なわれていた。

昼行客車特急時代
〜つばめ・はと・かもめ・はつかり〜

　東海道本線全線電化前、東京始終着特急は1等展望車を連結する「つばめ」と「はと」の2本だけで、一方向き固定座席の3等車（現普通車）スハ44系が連結されていても、庶民が利用できるような列車ではなかった。1950年代初頭では蒸気機関車が牽く区間もあった両列車だが、1956年11月の全線電化でEF58型の通し牽引となり、車両は機関車を含め薄緑色に塗られたことで、ファンの間から“青大将”と呼ばれた。東京・大阪の両駅を「つばめ」は9時00分に、「はと」は12時30分に発車。両区間を7時間30分で結んだ。こうした客車特急も1960年6月の電車化で姿を消す。今や60年以上も前の雄姿を写真で振り返ろう。

東京を発車後国電区間の浜松町駅を通過する下り「はと」。京浜東北線南行と山手線外回り電車が発着する3・4番ホームの田町寄りには、当時すでに小便小僧の像が設置されていた。

3レ　東京発大阪行き
特急「はと」EF58
一般型（44・10系）客車
1959.8.10　東海道本線 新橋〜品川

1レ　東京発大阪行き特急「つばめ」EF58　一般型（44・10系）客車　*1960. 5.22*　東海道本線 新垂井〜関ヶ原　撮影：高橋正雄

関ヶ原付近を行く下り「つばめ」。東海道本線の大垣〜関ヶ原間の下り線は垂井経由の在来線と、勾配が緩やかに新垂井経由の新線との2線があり、機関車牽引列車は新線を経由する。「つばめ」は6〜8両目が通過する鉄橋下の在来線をオーバークロスし、関ヶ原駅で在来線と合流する。

特急つばめ（1960. 3 現在）

← 1 レ大阪行き・2 レ東京行き

①	②	③	④	⑤	⑥	⑦	⑧	⑨	⑩	⑪	⑫
指 3 等・荷	指 3 等	指 3 等	指 3 等	指 3 等	指 2 等	指 2 等	食堂	指 2 等	指 2 等	指 2 等	指 1 等展望
スハニ 35	スハ 44	スハ 44	スハ 44	スハ 44	ナロ 10	ナロ 10	オシ 17	ナロ 10	ナロ 10	ナロ 10	マイテ 49

特急はと（1960. 3 現在）

← 3 レ大阪行き・4 レ東京行き

①	②	③	④	⑤	⑥	⑦	⑧	⑨	⑩	⑪	⑫
指 3 等・荷	指 3 等	指 3 等	指 3 等	指 3 等	指 2 等	指 2 等	食堂	指 2 等	指 2 等	指 2 等	指 1 等展望
スハニ 35	スハ 44	スハ 44	スハ 44	スハ 44	ナロ 10	ナロ 10	オシ 17	ナロ 10	ナロ 10	ナロ 10	マイテ 58

202レ　博多発京都行き特急「かもめ」C62　一般型(10・43系)客車　*1960. 3. 4*　山陽本線 瀬野～八本松　撮影：岩沙克次

1949年から1950年にかけて設定された「つばめ」「はと」の後を追うように、1953年からは山陽特急として「かもめ」が運転
を開始する。東京始終着とならなかったのは、夜行特急として必要な3等寝台車（現B寝台車）が復活していなかったのが理由で
ある。「かもめ」には展望車が連結されていないことや博多での方向転換に時間を要することなどで、3等車は1957年にスハ44
系からナハ10系に置き換えられた。写真はセノハチと呼ばれる勾配区間を通過するシーンで、後部補機にD52型が付いている。

特急かもめ（1960.3 現在）

← 201 レ博多行き							202 レ　京都行き　→	
①	②	③	④	⑤	⑥	⑦	⑧	⑨
指3等・荷	指2等	指2等	指2等	食堂	指3等	指3等	指3等	指3等
オハニ 36	スロ 54	スロ 54	スロ 54	オシ 17	ナハ 11	ナハ 11	ナハ 11	ナハフ 11

C62が牽く特急「はつかり」の最後尾を飾るスハフ43は、スハ44系の車掌室付き車両で、座席は一方向きの固定クロスシートだったため、終点では翌日の運転に向けて、デルタ線（三角線）を使って列車ごと方向転換が実施されていた。下り列車では青森到着後、駅の南側にあり東北本線と奥羽本線を短絡し、デルタ線の形状になる貨物支線を利用して転向。

上り列車では車両基地の尾久客車区から常磐線の三河島を経て隅田川貨物駅へ行き、そこでスイッチバックをして、始発駅の上野まで回送していた。「はつかり」の上野〜尾久間の回送にはC62ではなく、C57が担当することでファンの間から人気があった。スハ44系は昼行客車特急のシンボル的車両の一つだが、現場では時間と人員を要する作業があったのだ。

東京以北初の特急として1958年に登場した「はつかり」。スハ44系を主体とする8両編成で、最後尾は上の写真のスハフ43である。当時、常磐線の電化は国電区間の取手で終わるため、「はつかり」は全区間を蒸機牽引で運転された。東海道特急の薄緑色、「かもめ」の茶色とは異なり、塗装は同期に運転を開始した20系「あさかぜ」同様、濃青色をベースにクリーム色の帯を2条配していた。

特急はつかり（1960.9現在）

← 1レ青森行き・2レ上野行き

①	②	③	④	⑤	⑥	⑦	⑧
指2等・荷	指2等	指2等	指2等	食堂	指1等	指1等	指2等
スハニ35	スハ44	スハ44	スハ44	オシ17	ナロ10	ナロ10	スハフ43

1レ　上野発青森行き特急「はつかり」C62 一般型（44・10系）客車　*1960. 11.27*　常磐線 亀有〜金町　撮影：林 嶢（上下とも）

906レ　修善寺発東京行き準急「いこい」44系客車　1963. 4.21　伊豆箱根鉄道駿豆線 修善寺〜牧之郷

凸型のED31型に牽かれて駿豆線内を行く週末準急「いこい」。編成の両端はスハ44改造のスハフ43 10番台で、1等車にはスロ51が充当されている。

スハ44系の余生

　「つばめ」「はと」「はつかり」のスハ44系3特急は、はからずも1960年中に電車や気動車列車にバトンを渡し、運用から離脱した。スハ44・スハフ43・スハニ35の3形式とも用途が限られているため、以後44系が主体の編成で活躍した列車といえば、伊東・修善寺方面への週末準急「いこい」と南紀観光団体専用列車くらいで、あとは20系化前の特急「みずほ」や、東海道・山陽・九州線夜行急行の2等座席指定車として1〜4両が連結された。スハ44とスハフ43の座席は回転クロスシートに改造されていた。一方、スハニ35は使い勝手が悪いのか、早い時期に全室荷物車や事業車に改造されてしまった。

スハニ35 7　1962. 8　横須賀

横須賀駅で長期休車中のスハニ35 7。車番や塗装からは1960年12月まで「はつかり」で活躍した車両である。

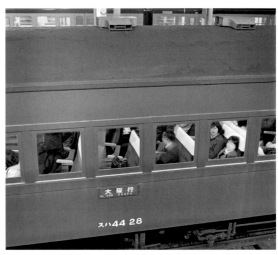

103レ　東京発大阪行き急行「銀河」一般型（10・44系）客車
1976. 2.20　東海道本線 東京

優等列車としての最終日を迎えるスハ44 28。旅客の表情から"お名残り乗車"が目的の客は見当たらない。これが半世紀近く前の鉄道の姿だった。

3章
一般型旅客列車

104レ　姫路発東京行き急行「銀河」EF61　10・44・32系客車　12連　*1968. 2.18*　東海道本線 真鶴～根府川

背後の山に残雪も見える真冬の日の朝、東海道の老舗夜行急行「銀河」が根府川橋梁を行く。客車急行といえばEF58型が相場の東海道本線東京口にあってEF61型の牽引は珍しい。しかし、「銀河」もすぐ傍を走る新幹線に旅客を奪われてか、所定14両のところ2等寝台車を2両減車したうえ、それもスハネ30が主体での運転である。

31レ東京発鹿児島行き急行「霧島」EF58　10系客車ほか15連　*1964.8.6*　東海道本線 由比～興津　撮影：鈴木孝行

由比海岸沿いに走る下り急行「霧島」。列車の大半を茶色主体の10系軽量客車で固めた長大編成で、20系九州特急とは別の美しさがあった。並走する国道1号も車の姿がまばらで、数年後の東名高速道路の出現など、想像すらできない。

急行霧島（1964.9現在）

← 31レ鹿児島行き　　　　　　　　　　　　　　　　　　　　　　　　　　　　　　　32レ　東京行き　→

①	②	③	④	⑤	⑥	⑦	⑧	⑨	⑩	⑪	⑫	⑬	⑭
荷物	2等寝台	2等寝台	2等寝台	指1等	自1等	食堂	自2等	自2等	自2等	自2等	自2等	自2等	自2等
マニ60	オハネ17	ナハネ11	ナハネ11	ナロ10	ナロ10	オシ17	（　ナ　ハ　10　・　ナ　ハ　11　）			ナハフ11	オハ36	オハ36	スハフ42
東京～鹿児島	東京～博多			東京～鹿児島							東京～熊本		

直線区間を最高速度95km/hでひた走る下り急行「霧島」。牽引機のEF58型は九州特急用以外茶色の標準塗装だった。また、写真では分かりにくいが、急行に使用される10系や43系客車も1963年頃から茶色から青への塗装変更が実施され、1968年頃までは混色編成が見られた。

35レ東京発鹿児島行き
急行「霧島」EF58　10系客車ほか15連
1965.12.28　東海道本線 焼津～藤枝

急行霧島（1965.11現在）

← 35レ鹿児島行き　　　　　　　　　　　　　　　　　　　　　　　　36レ　東京行き　→

①	②	③	④	⑤	⑥	⑦	⑧	⑨	⑩	⑪	⑫	⑬
郵便	荷物	指自1等	2等寝台	2等寝台	2等寝台	食堂	自2等	自2等	自2等	自2等	自2等	自2等
オユ12	マニ60	ナロ10	オハネ17	ナハネ11	ナハネ11	オシ17	（　ナ　ハ　10　・　ナ　ハ　11　）		ナハフ11	（オハ46・47）		スハフ42
東京～鹿児島										東京～熊本		

EF61型に牽かれた急行「高千穂」が興津川橋梁を通過。この日は2両目にナハネフ10が連結されており16両編成である。東京～九州間急行は大半が東海道本線を昼間に通過するため、新幹線開業前は全区間で高い乗車率を誇っていた。

36レ西鹿児島（現鹿児島中央）発東京行き急行「高千穂」EF61　10系客車ほか16連
1964.8.6　東海道本線　興津～由比
撮影：鈴木孝行

急行高千穂（1964.9現在）

← 35レ西鹿児島行き　　　　　　　　　　　　　　　　　　　　　　　　　　　36レ　東京行き　→

	①	②	③	④	⑤	⑥	⑦	⑧	⑨	⑩	⑪	⑫	⑬	⑭
荷物	指1等	自1等	1等寝台B	2等寝台	食堂	2等寝台	自2等	自2等	自2等	自2等	自2等	自2等	自2等	自2等
	ナロ10	ナロ10	オロネ10	ナハネ11	オシ17	ナハネ11	（ナハ10・ナハ11）			ナハフ11	ナハ10	ナハフ10	スハフ42	スハフ42

東京～西鹿児島		東京～大分		東京～西鹿児島				東京～宮崎		東京～大分	東京～門司

長距離急行「霧島」と「高千穂」

　東海道新幹線開業前後の1960年代前半から半ばにかけては、東海道在来線でも九州直通急行が何本か運転されていた。その中でも「霧島」は鹿児島本線経由、「高千穂」は日豊本線経由で鹿児島市内まで、ともに1500km以上の鉄路を丸一昼夜以上かけて結んでいた。両列車とも利用客の各種のニーズに応じ寝台車と1・2等座席車、それに食堂車を連結していたが、「霧島」は20系特急に押されて長距離客が減少気味なのか、1等寝台車は外されていた。航空機がまだ庶民の乗り物ではなかった当時、東京～九州間の移動手段は急行列車が主役だった。

昼下がりの日向路をのんびり走る急行「高千穂」。都城からはわずかながらも本州への旅客の姿が見られるが、旅はまだ序章。座席車が中心の編成はローカル急行そのものである。「高千穂」が東京直通急行らしい姿になるのは大分を過ぎたあたりから。

34レ西鹿児島（現鹿児島中央）発東京行き急行「高千穂」DF50　10系客車ほか7連
1968.3.21　日豊本線　門石（信）～田野

急行高千穂（1968.4現在）

← 33レ西鹿児島行き　　　　　　　　　　　　　　　　　　　　　　　　　　　34レ　東京行き　→

	①	②	③	④	⑤	⑥	⑦	⑧	⑨	⑩	⑪	⑫	⑬	⑭
荷物	指1等	自1等	1等寝台B	食堂	2等寝台	2等寝台	自2等	自2等	自2等	自2等	自2等	自2等	自2等	自2等
	オロ11	オロ11	オロネ10	オシ17	スハネ16	オハネ12	（ナハ10・ナハ11）		ナハフ10	（ナハ10・ナハ11）		ナハフ10	スハフ42	スハフ42

東京～西鹿児島		東京～大分		東京～西鹿児島				東京～宮崎		東京～大分	東京～下関

1101レ東京発西鹿児島（現鹿児島中央）行き急行「桜島・高千穂」10系客車ほか13連　*1975.1.16*　東海道本線 川崎～横浜

九州直通急行「桜島・高千穂」の末期の姿。グリーン車は「桜島」の1両だけで、あとはすべて普通車だけの編成。この頃になると傷みの激しい10系客車は次々にダウンし、スロ62や43系も応援に駆け付けていた。東京口でいつも変わらないのは先頭に立つEF58型だけ。

急行桜島・高千穂（1975.1 現在）

← 1101レ・1101～4101レ　西鹿児島行き　　　　　　　　　　1102レ・4102～1102レ　東京行き　→

①	②	③	④	⑤	⑥	⑦	⑧	⑩	⑪	⑫	⑬	⑭
自	指G	自	自	自	自	自	自	自	自	自	自	自
スハフ42	スロ62	(ナハ10・11・オハ46・スハ43)			スハフ42	ナハフ10	(　ナハ10　・　11　・　オハ46　・　スハ43　)					スハフ42

東京～西鹿児島 [熊本経由]（桜島）	東京～西鹿児島 [大分経由]（高千穂）

「桜島・高千穂」最後まで残った九州急行

　東海道新幹線開業後、その利便性は国民生活の向上と相まって特急大衆化をもたらし、東京～九州間は20系特急時代に突入する。それにより1968年10月改正では東京～九州間急行は「霧島」と「高千穂」に集約され、東京～門司間を併結。以南の九州島内を2方向で終点西鹿児島間を目指す運転となる。両列車とも超長距離運転にかかわらず編成は座席車だけとされ、「霧島」の食堂車だけが華を添えていた。1970年10月には「霧島」が「桜島」に改称。そして、1972年3月には「桜島」編成から食堂車が外され、傍目には臨時列車さながらのスタイルになり、3年後の新幹線博多開業で力尽きる。晩年は"古さ"だけが目立っていたが、周遊券利用などエコノミー指向客からは最後まで愛された列車だった。

1102レ西鹿児島（現鹿児島中央）発東京行き急行「桜島・高千穂」10系客車ほか15連　*1974.7.27*　東海道本線 川崎〜品川

最後部から撮影した「桜島・高千穂」。やはり緩急車は妻面に窓があり、貫通路にも扉があると列車として引き締まる。当時は「高千穂」にもグリーン車が付いた14両が所定編成だったが、1年ほど前まで10系で揃っていた車両群は、5両が43系普通車と交替している。

急行桜島・高千穂（1974.7 所定）

←	1101レ・1101〜4101レ			西鹿児島行き						1102レ・4102〜1102レ			東京行き　→
①	②	③	④	⑤	⑥	⑦	⑧	⑨	⑩	⑪	⑫	⑬	⑭
自	指G	自	自	自	自	自	自	指G	自	自	自	自	自
ナハフ10	オロ11		（ ナハ10 ・ ナハ11 ）			ナハフ10	ナハフ10	オロ11		（ ナ ハ 10 ・ ナ ハ 11 ）			ナハフ10
東京〜西鹿児島［熊本経由］（桜島）							東京〜西鹿児島［大分経由］（高千穂）						

西鹿児島から「桜島」は25時間33分、「高千穂」は28時間14分かけて終点東京まで走り抜く。この関ヶ原付近から東京までは6時間余りの道程である。"時代を超越した列車"も引退まであと1か月。東京〜九州間急行のゴールはもうすぐだ。

1102レ西鹿児島（現鹿児島中央）発東京行き
急行「桜島・高千穂」10系客車ほか12連
1975.2.8　東海道本線 柏原〜関ヶ原

34レ　長崎・佐世保発東京行き急行「雲仙・西海」EF58 10・43系客車ほか15連　*1963.7.7　東海道本線　大船〜戸塚*

長大編成列車が最後尾までカメラに収まることで人気があった東海道本線大船付近を行く上り「雲仙・西海」。長崎始発の「雲仙」が親列車だが、当時は編成後方の「西海」に食堂車が連結されていた。

急行雲仙・西海（1963.7 現在）

←　33レ長崎行き・33 〜 2033レ　佐世保行き　　　　　　　　　　　　　　　　　　　　34レ・2034 〜 34レ　東京行き　→

①	②	③	④	⑤	⑥	⑦	⑧	⑨	⑩	⑪	⑫
郵便	荷物	荷物	指自1等	2等寝台	食堂	自2等	自2等	自2等	自2等	指自1等	2等寝台	自2等	自2等	自2等
スユ42	マニ60	マニ32	スロ51	ナハネ11	オシ17	ナハ10	ナハ10	ナハフ10	ナハフ10	スロ54	ナハネ11	オハ46	スハフ42	スハフ42
東京〜鳥栖	東京〜佐世保（西海）								東京〜長崎（雲仙）				東京〜下関

「雲仙」と「西海」は東京と長崎県を直結する名急行列車

　東京〜九州間で直通急行が活躍していた時代。その中で名列車と言われるのが先の「霧島」「高千穂」と「雲仙」「西海」である。この両列車は行き先が同県内の長崎と佐世保で、東京〜肥前山口間は同じ線路を走行するほか、利用客数との関係で、一般型客車時代の1961年10月から1968年9月までは併結列車として運転された。なお、「雲仙」と「西海」の列車名は、その後も関西〜九州間急行として活躍を続けるが、この120ページから123ページの写真は、すべて東京始終着列車だった時代の「雲仙」「西海」である。

34レ　長崎・佐世保発東京行き急行「雲仙・西海」10・43系客車ほか15連　*1963.6.30*　東海道本線　横浜～川崎

上り「雲仙・西海」を後方から撮影した写真。43系の郵便車にふさわしいTR40台車を履くスユ42、鋼体化荷物車の代表格マニ60、佐世保市内の米軍基地への荷物輸送に隔日連結されるマニ32と、3両の郵便・荷物車が続く。長距離急行は遠隔地に速いスピードで物資を届けることのできる交通手段としても重宝にされていた。

33レ　東京発長崎・佐世保行き急行「雲仙・西海」10・43系客車ほか14連　*1964.9.13*　東海道本線　静岡～用宗

安倍川橋梁を行く下り「雲仙・西海」。グループが異なる車種を連結して長大編成で走る姿が、現在も鉄道ファンの間から根強い人気を博する一般型客車の魅力である。「雲仙・西海」では1等寝台車の連結がないことがやや残念。

2031レ 東京発佐世保行き急行「西海」C11(後部補機) 43系客車ほか7連　*1968.3.17* 佐世保線　武雄(現武雄温泉)～永尾　撮影：鈴木孝行

長崎本線の客車急行は1965年からDD51型が牽引に当っていたが、絶対数不足のため大型蒸機のC60型もまだまだ健在だった。機関車の次位は所定ではオハフ45だが、この日はナハフ10だった。もっとも軽い車種に変更することは、運転上で支障はなく、それが客車列車の面白さでもあった。2両目の食堂車は東京直通急行の象徴的存在。

31レ 東京発長崎行き
急行「雲仙」C60型　10・43系客車7連
1967.3.21 長崎本線　東園～大草 撮影：鈴木孝行

急行雲仙（単独区間）（1967.7 現在）

← 31 レ 長崎行き				32 レ 東京行き →		
⑥	⑦	⑧	⑨	⑩	⑪	⑫
自2等	食堂	指自1等	2等寝台	自2等	自2等	自2等
オハフ45	オシ17	スロ54	オハネ12	(オハ36・46・47)		スハフ42

長崎・佐世保線を力走する「雲仙」と「西海」

　肥前山口で長崎・佐世保線の両方向に分かれた「雲仙」と「西海」は、それぞれ"半人前"の編成になって長崎県内の2大都市を目指す。九州内の幹線でありながら1960年代の長崎・佐世保線は未電化で、しかもDD51型ディーゼル機関車の投入も1965年以後になったため、1968年まではまだ蒸気機関車が一部の急行列車を牽引した。長崎県は複雑なリアス地形であるため、両線とも線形はスピード運転向きではないが、その美しい原風景の中を行く列車の姿は鉄道ファンを魅了した。

佐世保線は武雄～永尾間に25‰の上り勾配が存在するため、肥前山口からC57型の牽引で武雄まで駆けてきた下り「西海」は、C11型を後部補機に付け急勾配に挑む。後補区間は1駅間だけでC11型は永尾で切り離された。撮影当時の「西海」は43系が中心の編成になり、食堂車の連結も1965年10月からは「雲仙」に移っていた。

急行西海（単独区間）（1968.4 現在）

←　31～2031レ　佐世保行き		①	②	③	④	2032～32レ　東京行き　→ ⑤
荷物	荷物	指自1等	2等寝台	自2等	自2等	自2等
		スロ54	オハネ12	オハ46	オハ46	スハフ42

左ページの写真と同日に撮影された上り「雲仙」で、こちらは新製後間もないDD51型が、波のない内海に艶姿を映す。利用客にとって始発駅から煙害のない列車に当たることは、旅を続けて行くうえで幸先がよく、食堂車も夕食を摂る客で賑わっていることであろう。

32レ 長崎発東京行き急行「雲仙」DD51型　10・43系客車7連　*1967.3.21* 長崎本線　大草～東園 撮影 鈴木孝行

38レ 広島発東京行き急行「安芸」 C59　10系客車10連　*1969.7.31*　呉線　天応〜小屋浦

撮影当時国鉄で3両だけが残存したC59型が牽く上り「安芸」。1968年10月から付けられた「あき」のヘッドマークと、オール10系からなるブルーの軽量客車との組み合わせは秀逸だった。

急行安芸（1969.7 現在）

← 37レ広島行き　　　　　　　　　　　　　　　　　　　　　　　　　　　　　　　　　　　　　38レ　東京行き　→

①	②	③	④	⑤	⑥	⑦	⑧	⑨	⑩	⑪	⑫	⑬
B寝台	A寝台	A寝台	B寝台	食堂	B寝台	B寝台	B寝台	B寝台	B寝台	B寝台	B寝台	B寝台
オハネフ12	オロネ10	オロネ10	スハネ16	オシ17	スハネ16	スハネ16	スハネ16	オハネ12	オハネ12	スハネ16	スハネ16	オハネフ12
東京〜広島										東京〜糸崎		

大型蒸機C59・C62型が牽引した急行「安芸」

　東京〜広島間を呉線経由で結ぶ寝台急行「安芸」は1968年10月改正での時刻は、下りが東京発20:05➡広島着12:15、上りは広島発15:00➡東京着6:40だった。現在では考えられないのどかさだが、当時は東京から岡山・広島県下の各都市へ一晩で到着できる列車として人気があり、1970年10月改正で廃止されるまで寝台券の入手が難しい列車だった。また、「安芸」は三原〜海田市間は呉線を経由するが、同線は山陽本線全線電化の1964年10月以後も未電化のままで残されたため、糸崎〜広島間では、かつて東海道本線で特急を牽いたC59・C62型が列車の先頭に立った。「安芸」は呉線では上下列車とも撮影に便利な時間帯を走ることもあって、多くの鉄道ファンが沿線を訪れた。

25レ 東京発広島行き急行「安芸」C62　10系客車ほか12連　*1966. 7.30* 呉線　安芸川尻～仁方

左ページよりも３年前に撮影された下り「安芸」で、こちらはC62型の牽引。寝台列車のスタイルには変わりがないが、機関車の次位にマニ32が付くほか食堂車も戦前製のマシ38で、この２両が茶色の客車だった。２等寝台車はこの時点ではまだ非冷房で、屋根の中央に寝室ごとの送風機を内蔵したドームが突き出ているのがよく分かる。

急行安芸 （1966.5 現在）

← 25レ広島行き　　　　　　　　　　　　　　　　　　　　　　　　　　　　　　26レ　東京行き　→

荷物	①	②	③	④	⑤	⑥	⑦	⑧	⑨	⑩	⑪	⑫	⑬
荷物	1等寝台B	1等寝台B	2等寝台	2等寝台	食堂	2等寝台	2等寝台	2等寝台	2等寝台	2等寝台	2等寝台	2等寝台	2等寝台
マニ32	オロネ10	オロネ10	オハネ17	オハネ17	マシ38	（　ナ　ハ　ネ 11　・　オ　ハ　ネ 17　）				ナハネフ10	オハネ17	ナハネ11	ナハネフ10
東京～広島											東京～糸崎		

301レ 新大阪発下関行き急行「音戸1号」EF58　10系客車ほか9連　*1975.2*　山陽本線戸田〜富海　撮影：前田信弘

早朝の瀬戸内海沿いを行く急行「音戸1号」。EF58型とマニ37の間にスハフ42が連結されているが、これは広島〜下関相互間での利用客の便宜を図るのが目的で、非公式に実施されていた。『時刻表』の編成案内にも非掲載だったが、自由席を連結する優等列車が少ない時間帯のため、地元では好評だった。

急行音戸 1—2 号（1975.2 現在）

←　301 レ広島行き								302 レ　新大阪行き　→		
①	②	③	④	⑤	⑥	⑦	⑧	⑨	⑩	⑪
荷物	B寝台	A寝台	B寝台	B寝台	B寝台	B寝台	B寝台	B寝台	B寝台	B寝台
マニ37	オハネフ12	オロネ10	スハネ16	スハネ16	スハネ16	オハネ12	オハネフ12	オハネ12	オハネ12	オハネフ12
新大阪〜下関								新大阪〜広島		

出自が異なる二往復の急行「音戸」

　C59型やC62型が牽引する寝台急行「安芸」が鉄道ファンから注目を集める呉線では、それとは別に「音戸」2往復が蒸気急行で運転されていた。両列車とも関西〜山陽間の夜行列車だが、1—2号は新大阪〜下関間の寝台列車、2—1号は「ななうら」を前身とする京都〜広島間運転で、大半が座席車からなりエコノミー指向客用といえた。両列車とも呉線内を未明から早朝にかけて通過する下りだけが撮影可能で、特に2号は呉線での蒸機撮影にもよく利用される列車だった。また、この両列車はC59型かD51型の牽引が主体で、C62型が先頭に立つ機会はほとんどなかった。呉線は1970年10月に電化され、「音戸」2往復はEF58型が牽く急行として1975年3月まで運転が続けられた。

311レ 京都発広島行き急行「ななうら」 D51　43・10系客車ほか12連　*1966. 7.30*　呉線　広～安芸阿賀（現新広～安芸阿賀）

呉線安芸阿賀付近の黒瀬川橋梁を行く急行「ななうら」。3月まで準急だった列車をそのまま格上げしたせいか、寝台車はオハネ17が1両だけで、あとはすべて座席車という列車で、1968年10月に列車名が「音戸」に統合された。「音戸」2往復の設定は関西～広島間での夜行旅客の多さを物語っていた。

急行ななうら（1966.5 現在）

← 311 レ広島行き　　　　　　　　　　　　　　　　　　　　　　　　　　　　　　312 レ　京都行き　→

荷物	荷物	指2等	指2等	自1等	2等寝台	自2等	自2等	自2等	自2等	自2等	自2等
		①	②	③	④	⑤	⑥	⑦	⑧	⑨⑩	⑪
		スハフ42	オハ46	スロ54	オハネ17	（	オハ36 ・ オハ46 ・	オハ47 ・	スハ43	）	スハフ42

京都～糸崎　　　　　　　　　　　　　　　　京都～広島

33レ 東京発浜田行き急行「出雲」DF50　10系客車ほか7連　*1971. 7.*　山陰本線　仁万〜馬路　撮影：前田信弘

山陰本線西部区間を行く急行時代末期の「出雲」。東京を19:30に発っても終点浜田着は14:10という長旅だった。"準寝台列車"の扱いだったため、3両の普通車は座席指定だが、下りに限り山陰本線内は自由席とされたため、周遊券利用での旅客から喜ばれていた。

急行出雲（1971.4 現在）

←　33レ　浜田行き　　　　　　　　　　　　　　　　　　　　　　　　34レ　東京行き　→

①	②	③	④	⑤	⑥	⑦	⑧	⑨	⑩	⑪
指	指	指	B寝台	B寝台	A寝台	指G	B寝台	食堂	B寝台	B寝台
ナハフ11	ナハ11	ナハ11	オハネ12	オハネ12	オロネ10	スロフ62	オハネ12	オシ17	オハネ12	オハネフ12
東京〜浜田							東京〜米子			

東海道・山陽筋の九州行き優等列車としては数少ない名古屋始終着列車だった「阿蘇」は、東海地区と九州を結ぶ用務や観光を目的とした利用客が多かった。車両を受け持つ名古屋客貨車区には急行に使用が可能で、車掌室を持たない普通車形式だけでも、ナハ10・ナハ11・オハ36・スハ40・オハ46・オハ47が少数ずつ配置されており、⑧〜⑩号車にはどの形式の車両が入るか、まさに日替わりメニューだった。

214レ　熊本発名古屋行き
急行「阿蘇」EF61 10・43系客車ほか11連
1975. 2. 8　東海道本線　近江長岡〜柏原

急行阿蘇（1975.2 現在）

←　213レ　熊本行き　　　　　　　　　　　　　　　　　　　　　　214レ　名古屋行き　→

①	②	③	④	⑤	⑥	⑦	⑧	⑨	⑩	⑪
郵便	指	指G	A寝台	B寝台	B寝台	B寝台	自	自	自	自
スユ43	オハフ46	スロ54	オロネ10	オハネ16	スハネ16	オハネフ12	（ オハ46 ・ オハ47 ）			スハフ42
名古屋〜門司	名古屋〜熊本									

22レ　宇野発東京行き急行「さぬき」EF58　10系客車ほか　14連　*1968. 2.18*　東海道本線 真鶴～根府川

東京～宇野間急行「瀬戸」の混雑緩和を目的に1964年10月に新設された「さぬき」は、先輩格の「瀬戸」をグレードアップしたような列車で、四国連絡急行としては初の寝台列車となる。編成中、回転クロスシートを備えたスハニ35やサロンカーと呼ばれるビュフェ車オシ16が異彩を放っていたが、1968年10月改正では「瀬戸」に統合されたため、「さぬき」としての活躍期間はわずか4年で終わってしまった。

急行さぬき（1968.1現在）

← 21レ宇野行き　　　　　　　　　　　　　　　　　　　　　　　　　　　　　　　　24レ　東京行き →

郵便	① 指2等・荷	② 1等寝台B	③ 指1等	④ ビュフェ	⑤ 2等寝台	⑥ 2等寝台	⑦ 2等寝台	⑧ 2等寝台	⑨ 2等寝台	⑩ 2等寝台	⑪ 2等寝台	⑫ 2等寝台	⑬ 2等寝台
	スハニ35	オロネ10	スロ54	オシ16	スハネ16	スハネ16	スハネ16	スハネ16	スハネ16	スハネ16	スハネ16	スハネ16	オハネフ12

205レ　京都発長崎行き急行「玄海」DD51 10・43系客車ほか12連　*1965.1.31*　長崎本線 鳥栖～肥前麓　撮影：加地一雄

1964年12月に鳥栖機関区に新製配置されたばかりのDD51 22が牽く長崎行き急行「玄海」。機関車次位のスハ44改造のスハフ43 10番台は、関西～九州間急行の座席指定車として重宝にされていた。5両目のマシ29は3軸ボギーの食堂車で、日によっては昭和初期製の二重屋根車が編成に入ることもあった。

急行玄海（1965.1 現在）

←　205レ長崎行き			①	②	③	④	⑤	⑥	⑦	⑧	⑨	⑩	⑪	206レ　京都行き　→	
														⑫	⑬
荷物	荷物		指2等	1等寝台B	指1等	自1等	食堂	2等寝台	2等寝台	2等寝台	自2等	自2等	自2等	自2等	自2等
			スハフ43	オロネ10	スロ54	スロ54	マシ29	オハネ17	オハネ17	オハネ17	（ オハ46・オハ47 ）			スハフ42	スハフ42
京都～広島	京都～門司								京都～長崎					京都～博多	

関西～九州連絡急行のパイオニア「玄海」と「天草」

　関西始発の九州行き客車急行は1961年10月改正前後から増発を繰り返し、1965年10月には定期だけで8往復に成長するが、その先駆けとなった列車が「玄海」と「天草」である。「玄海」は列車名から、還暦未満の読者の方には475系電車急行のイメージが強いかもしれないが、1968年10月改正までは京都～長崎間を中心に運転された客車急行だった。一方、「天草」は1956年3月の新設から1975年3月の廃止まで、関西側の始終着駅が京都・大阪・新大阪と変化することがあっても、熊本行きで通した客車急行だった。その両急行の活躍を写真で振り返ろう。

207レ　京都発熊本行き急行「天草」DD51　10・43系客車ほか11連　*1968. 12.27*　筑豊本線 筑前内野〜筑前山家

九州地方は石炭産業が盛んだったことで、戦後から国鉄末期にかけて本州からの直通優等列車は、最低でも1往復は黒崎〜原田間を筑豊本線経由で運転されていた。急行「天草」もそのうちの1つで、1961年10月から列車廃止の1975年3月まで同線経由だった。だが、筑豊本線は未電化のうえ筑前内野から筑前山家間に、冷水トンネルをサミットとする最大25‰勾配が存在するため、「天草」は写真のように牽引機がDD51型になっても、D60型を後部補機とした運転が1971年頃まで続けられていた。

急行天草 （1968.11 現在）

← 207レ熊本行き　　208レ　京都行き→

①	②	③	④	⑤	⑥	⑦	⑧	⑨	⑩	⑪	⑫	⑬
指2等	指自1等	1等寝台B	2等寝台	2等寝台	2等寝台	自2等	自2等	自2等	自2等	自2等	自2等	自2等
スハフ43	スロ54	オロネ10	スハネ16	スハネ16	スハネ16		（オハ46・オハ47）		スハフ42	オハ46	オハ46	スハフ42
京都〜熊本										京都〜門司		

1203レ　京都発都城行き急行「日向」DF50　10系客車ほか10連　*1968. 3.31*　日豊本線 川南〜高鍋　撮影：鈴木孝行

大分以南では完全に昼間の列車となる急行「日向」は、撮影区間では10両編成中、寝台車は1両だけで運転されていた。機関車次位のオハニ36だけが茶色塗装であることは写真からも分かる。1968年10月改正で「日南3—1号」に改称。

急行日向（1968.4 現在）

← 1203 レ都城行き　　　　　　　　　　　　　　　　　　　　　　　　　　　　　　　　1204 レ　京都行き→

①	②	③	④	⑤	⑥	⑦	⑧	⑨	⑩	⑪	⑫	⑬
指2等・荷	1等寝台B	2等寝台	2等寝台	2等寝台	指1等	自1等	自2等	自2等	自2等	自2等	自2等	自2等
オハニ36	マロネ41	スハネ16	スハネ16	オハネ12	オロ11	オロ11	ナハ10	ナハ10	ナハフ10	（ナハ10・ナハ11）		ナハフ10

| 京都〜都城 | 京都〜大分 | | | 京都〜都城 | | | | | 京都〜宮崎 | | | |

こちらは旧「夕月」の系譜を持つ上り「日南3号」で、本州内ではもちろんEF58型の牽引。編成中4両目にマロネ41が重厚な姿を見せている。2両の座席指定普通車はスハ44系である。

206レ　宮崎発新大阪行き
急行「日南3号」EF58　10・44系客車ほか14連
1970.8.22　山陽本線 庭瀬〜岡山

急行日南 1—3 号（1970. 8 現在）

← 205 レ宮崎行き　　　　　　　　　　　　　　　　　　　　　　　　　206 レ　新大阪行き→

①	②	③	④	⑤	⑥	⑦	⑧	⑨	⑩	⑪
荷物	B寝台	A寝台	指G	B寝台	B寝台	指	指	A寝台	B寝台	B寝台	B寝台
オハネフ12	オロネ10	スロ54	スハネ16	スハネ16	スハ44	スハフ43	マロネ41	スハネ16	スハネ16	オハネフ12

| 上りのみ | 大阪（上り新大阪）〜宮崎 | | | | | | 大阪（上り新大阪）〜大分 | | | |

1211レ　京都発都城行き急行「日南3号」C57　10系客車ほか7連　*1974. 2. 9*　日豊本線 清武～日向沓掛

運用の変更で1973年10月からアンカー区間がC57型牽引となった旧「日向」の下り「日南3号」が、日も斜めに傾いてきた日向路を都城へ急ぐ。ゴールもあとわずかだ。しかし、「日南3号」が上下でまったく別の姿の列車というのは、切符購入のうえでも何とも煩わしかった。

急行日南3―1号（1974.2 現在）

← 1211 レ都城行き　　　　　　　　　　　　　　　　　　　　　　　　　　　　　　　　　　　1212 レ　京都行き→

	①	②	③	④	⑤	⑥	⑦	⑧	⑨	⑩	⑪	⑫
荷物	A寝台	B寝台	B寝台	B寝台	指G	指G	指	自	自	自	自	自
マニ60	オロネ10	スハネ16	スハネ16	オハネ12	オロ11	オロ11	ナハ10	ナハ10	ナハフ10	ナハ10	ナハ10	ナハフ11
京都～都城	京都～大分			京都～都城						京都～宮崎		

関西と南九州を結んだ二往復の急行「日南」

　1965年10月改正では、関西～九州間急行のうち日豊本線に入る列車として京都～都城間に「日向」、新大阪～宮崎間に「夕月」が運転されていた。当時、別府から宮崎にいたる九州東海岸は新婚旅行先として脚光を浴びていたため、この両列車は大分まで、ブルーの車体に淡緑色の帯を巻いた1等の寝台・座席車が計3両も入る豪華編成で運転され、特急「富士」とは異なったオーラを放ち続けていた。ただし、「夕月」が寝台列車なのに対し、「日向」は自由席の2等車も多数連結するなど、列車としての性格は異なっていた。1968年10月改正では「夕月」と「日向」は運転区間が類似しているだけで、列車名は「日南」と統合されてしまう。乗車券のマルス発売との関係もあるが、別々の個性を持つ列車までを一括りにするのは、旅客サービスでもどうか、と考えさせられたものである。

4101レ　東京発西鹿児島行き急行「高千穂」DF50　10・35系客車6連　*1974. 2.10*　日豊本線 田野～門石(信)

日豊本線のうち最後まで未電化で残った区間を行く下り「高千穂」の後部を俯瞰撮影した写真。この区間での所定編成は119ページに示すオール10系の7両だが、この日は1両が減車のうえ最後尾の⑭号車は、何と普通列車用のオハフ33に替わっていた。しかし、貫通路部分に扉のない緩急車は乗客からすれば“特別料金の要らないマイテ級の展望車"で、この写真でも座って後方の景色を楽しむ旅人の姿が写っている。

201レ　大阪発西鹿児島行き急行「しろやま」DD51　10・43系客車10連　*1968. 3.22*　鹿児島本線 薩摩松元〜上伊集院

関西〜鹿児島間唯一の急行「しろやま」は北九州を深夜に通過するダイヤが好評を博し、特急「あかつき」誕生につながった。しかし、その後同区間は寝台特急が主体の時代となり、「しろやま」はお株を奪われた形で、1000km近くを走る長距離急行に関わらず、編成に食堂車を連結する機会には最後まで恵まれなかった。

急行しろやま（1968.4 現在）

←201レ西鹿児島行き

202レ　大阪行き→

①	②	③	④	⑤	⑥	⑦	⑧	⑨	⑩	⑪	⑫	⑬
2等寝台	1等寝台B	指自1等	2等寝台	2等寝台	自2等	自2等	自2等	自2等	自2等	自2等	自2等	自2等
オハネフ12	オロネ10	スロ54	オハネ12	オハネ12	（　ナハ10・ナハ11　）			ナハフ10	スハ43	スハ43	スハフ42

大阪〜八代

15レ　大阪発西鹿児島行き急行「第2しろやま」C60　43系客車　*1968. 3.22　鹿児島本線 薩摩松元～上伊集院*

写真撮影当時、関西～九州間は距離や到達時分で夜行列車利用が便利だったため、寝台特急「あかつき」を含む多数の列車が運転されていた。しかし、旧盆や年末年始の繁忙期はもとより、観光シーズンには定期列車だけでは輸送力が不足するため、定期列車名に第2、第3の号数を冠した急行が、不定期列車（1968年10月からは季節列車）や、臨時列車として運転されていた。これらの列車の中でも、所定運用が組まれていない臨時列車は客貨車区配置の急行用予備車を動員して組成される

が、それでも足りない時はオハ35やスハ32系、時には背摺りが木のままのオハ60系が編成に入ることさえあった。写真の「第2しろやま」は列車番号では臨時列車だが、1968年春はスロ51とオハネ12を連結して運転された"上等の臨急"だった。しかも、牽引機はDD51型が絶対数不足のせいか、定期急行運用を降りたはずのC60型が駆り出されていた。

104レ　大阪発東京行き急行「銀河」EF58　10・44系客車　13連　*1975. 3.11*　東海道本線 川崎〜品川

姉妹列車の101・102レが特急「いなば」にシフトされたため、1往復運転に戻った急行「銀河」。編成は44系の座席指定車2両を東京方に連結した13連で、前日のダイヤ改正前よりハネ1両が減車されている。一般型での「銀河」は運転最終日までこの編成で通した。

104レ　大阪発東京行き急行「銀河2号」10・44系客車　14連　*1973.12. 9*　東海道本線 川崎〜品川

2往復運転時代の急行上り「銀河2号」。もう1往復の「銀河1号」（上下とも）は「紀伊」との併結で、単独区間の名古屋〜大阪間はロネ1両込みの8両編成だった。この日の「銀河2号」は最後部に編成図にはないスユ43を連結しているが、一般型客車列車ではよく見られるシーンだった。

103レ　東京発大阪行き急行「銀河」 10・44系客車　13連　*1976. 2.20* 東海道本線　東京

急行「銀河」も一般型客車とは今日でお別れ。明日からは20系編成での運転となり、東京駅から一般型客車で運転される定期列車は姿を消す。EF58型は明日以後も引き続き急行「銀河」や特急「いなば・紀伊」牽引を担当するが、写真のように蒸気発生装置 (SG) を使用することはない。

東海道本線夜行急行のレジェンド「銀河」の変遷

　東海道夜行急行の代表格ともいうべき「銀河」は1961年10月改正で寝台列車化され、1976年2月に20系に置換えられるまでの約15年間、一般型客車の編成で運転された。ここでは東海道新幹線開業の1964年10月と、1970年10月、それに最終盤の1976年1月の編成図を掲げる。1970年10月の編成図が2つあるのは、「銀河」が1968年10月から1975年3月までの間2往復運転されていたためである。

急行銀河 (1964.10 現在)

← 11 レ姫路行き　　　　　　　　　　　　　　　　　　　　　　　　　　　　　　　　　　12 レ　東京行き　→

	①	②	③	④	⑤	⑥	⑦	⑧	⑨	⑩	⑪	⑫	⑬
荷物	1等寝台AB	1等寝台AB	1等寝台B	1等寝台B	ビュフェ	2等寝台	2等寝台	2等寝台	2等寝台	2等寝台	2等寝台	2等寝台	2等寝台
	マロネ40	マロネ40	マロネ41	オロネ10	オシ16	ナハネフ10	オハネ17	オハネ17	オハネ17	オハネ17	オハネ17	オハネ17	ナハネフ10

急行銀河 (1968.1 現在)

← 103 レ姫路行き　　　　　　　　　　　　　　　　　　　　　　　　　　　　　　　　　104 レ　東京行き　→

	①	②	③	④	⑤	⑥	⑦	⑧	⑨	⑩	⑪	⑫	⑬
荷物	2等寝台	1等寝台B	1等寝台B	2等寝台	2等寝台	2等寝台	2等寝台	2等寝台	2等寝台	2等寝台	指2等	指2等	指2等
	ナハネフ10	オロネ10	オロネ10	スハネ16	スハネ16	スハネ16	スハネフ30	スハネ16	スハネ16	スハネ16	スハ44	スハ44	スハフ43

急行銀河 1─1 号 (1970.10 現在)

← 101 レ大阪行き　　　　　　　　　　　　　　　　　　　　　　　　　　　　　　　　　102 レ　東京行き　→

	①	②	③	④	⑤	⑥	⑦	⑧	⑨	⑩	⑪	⑫	⑬
郵便	B寝台	A寝台	A寝台	B寝台	B寝台	B寝台	B寝台	B寝台	B寝台	B寝台	B寝台	B寝台	B寝台
	オハネフ12	オロネ10	オロネ10	スハネ16	スハネ16	スハネ16	スハネ16	オハネフ12	スハネ16	スハネ16	スハネ16	スハネ16	オハネフ12

急行銀河 2─2 号 (1970.10 現在)

← 103 レ姫路行き　　　　　　　　　　　　　　　　　　　　　　　　　　　　　　　　　104 レ　東京行き　→

	①	②	③	④	⑤	⑥	⑦	⑧	⑨	⑩	⑪	⑫	⑬
荷物	B寝台	A寝台	A寝台	B寝台	B寝台	B寝台	B寝台	B寝台	自	自	自	自	自
	オハネフ12	オロネ10	オロネ10	スハネ16	スハネ16	スハネ16	スハネ16	オハネフ12	スハ44	スハ44	スハ44	スハ44	スハフ43

東京～大阪 | 東京～姫路

⑨～⑬号車上りは座席指定

急行銀河 (1976.1 現在)

← 103 レ大阪行き　　　　　　　　　　　　　　　　　　　　　　　　　　　　　　　　　104 レ　東京行き　→

①	②	③	④	⑤	⑥	⑦	⑧	⑨	⑩	⑪	⑫	⑬
B寝台	A寝台	B寝台	B寝台	B寝台	B寝台	B寝台	B寝台	B寝台	B寝台	B寝台	指	指
オハネフ12	オロネ10	スハネ16	スハネ16	スハネ16	スハネ16	スハネ16	スハネ16	スハネ16	オハネフ12	スハ44	スハフ43

504レ　富山発大阪行き急行「立山」ED70　43系客車ほか　12連　*1964.12.31*　北陸本線 金沢

増結車を連結し、フル編成となって金沢駅を発車するED70型牽引の急行「立山」。オロ61は鋼体化の60系客車からの改造なので43系ではないが、形態的には同系といっても差支えがなく、その視点では見事な43系編成である。

急行立山（1965.1 現在）

← 503レ大阪行き　　　　　　　　　　　　　　　　　　　　　　　　504レ　富山行き→

①	②	③	④	⑤	⑥	⑦	⑧	⑨	⑩	⑪	⑫
指2等	指2等	指2等	自2等	自2等	自2等	指1等	自1等	自2等	自2等	自2等	自2等
スハフ42	スハ43	スハ43	スハ43	スハフ42	スハフ42	オロ61	オロ61	スハ43	スハ43	スハ43	スハフ42
大阪～金沢					大阪～富山						

北陸線昼行急行の代表格だった「立山」

　国鉄時代の関西～北陸間列車で「立山」といえば、1960年代半ばから1980年代前半にかけて特急「雷鳥」を補佐した大阪～富山間の電車急行のイメージが強いが、「立山」の歴史は東海道全線電化の1956年11月改正にさかのぼり、同区間で客車急行として運転を開始している。関西～北陸間では唯一の昼行急行だったが、当時の北陸本線は全線が未電化で、敦賀を境とした柳ヶ瀬越えと木ノ芽峠、石川・富山県境には倶利伽羅峠の難所があり、スピード運転ができず大阪～富山間では7時間20分を要した。その後、電化や複線化の進展とともに、これらの難所は北陸トンネル開通などにより解消され、1964年10月には電車急行「越山」が大阪～富山間を5時間25分で結ぶ。だが、「立山」は客車列車で残されたことで、交直接続区間を除き電気機関車牽引になっても「越山」より到達時分は1時間近く遅く、評判は芳しくなかった。「越山」が真新しい471系なのに対し、「立山」は写真のような旧態依然のスタイルなので、その点でも損をしていたのかもしれない。その「立山」は翌1965年10月改正で2往復の電車急行になって面目を一新するが、客車列車時代は何かと恵まれない列車だった。

603レ　上野発福井行き急行「越前」EF70 10・43系客車ほか9連　*1982.9.5*　北陸本線 芦原温泉～丸岡　撮影：松井 崇

列車名の故郷でもある福井県入りした「越前」。上越新幹線開業前は人気が高かったが、信越本線経由のため連結両数が制限されるのが、列車として最後まで付きまとった宿命だった。「越前」は直江津でスイッチバックして北陸本線に入るため、この区間ではEF70の次位にマニ37が付く。

急行越前（1982.7 現在）

← 　606レ上野行き　　　　　　　　　　　　　　　　　　　　　　　　605レ　福井行き→

荷物	A寝台	B寝台	B寝台	指G	自	自	自	自	自
	①	②	③	④	⑤	⑥	⑦	⑧	⑨
マニ37	オロネ10	オハネフ12	オハネフ13	スロ62	（	オ ハ 46 ・	オ ハ 47	）	オハフ45

昼行列車から夜行列車に転向した急行「越前」

　人それぞれに自分史があるように、列車も擬人化すれば波乱万丈な伝記が出来上がるものも少なくない。上野～福井間を信越本線経由で結ぶ夜行急行での活躍期間が長かった「越前」も、1965年10月改正でそのような形に落ち着くまで、わずか3年ばかりの間に職場を転々としていた列車である。その列車史を遡ると、1962年6月の北陸トンネル開通時に大阪～金沢間の気動車急行として誕生。しかし、1963年4月の金沢電化で電車化されるものの、なぜか敦賀～金沢間準急に格下げ。1964年10月の富山電化に伴う改正では大阪～金沢間の電車急行に復帰するも、翌1965年10月には大阪～金沢間電車急行のネームが「加賀」に統合されたことで、福井以西には見切りを付け、上野発の夜行列車に転身するのである。結局、この上野～福井間夜行としての居心地が良かったのか「越前」は同区間に10年以上も定着する。特に上野への夜行列車の本数が限られる石川県南加賀地方や福井県嶺北地方での人気が高く、寝台券の入手が難しい列車としても有名だった。この「越前」は1982年11月改正で上野～金沢間運転となり、列車名は「能登」に改称されるが、列車そのものはJR化後も存続する。

「海水浴急行列車」が活躍した昭和時代の情景

　高速道路がまだ全国展開していなかった1980年代まで、夏の海水浴シーズンにおける輸送の担い手は、大量輸送を得意とする鉄道だった。特に人口の多い３大都市圏での海水浴客輸送は行き・帰りとも時間帯が集中することで、定期列車のほか臨時列車が多発された。しかし、国鉄は同時期には観光や帰省客輸送にも対処しなければならず、車両のやり繰りは大変だった。中でも、沿線に海水浴場の多い房総東・西線は"夏に稼ぐ線区"であり、市販の『時刻表』も７・８月号だけはページを別刷りにして対応に当たるほどだった。

8915レ　京都発天橋立行き急行「はしだてビーチ1号」9600 10系客車　７連　*1970.8.4*　宮津線 丹後神崎～丹後由良

1970年夏に運転された急行「はしだてビーチ１ー1号」には、10系B寝台車が「ヒルネ」状態の座席指定車として使用された。１座席３人掛けで窓側席以外の眺望は良くないが、当時の急行としては珍しい冷房車で好評だった。客車は新大阪～下関間急行「音戸１ー2号」用の向日町運転所での滞在間合いを利用した。西舞鶴～天橋立間は大正生まれの名機9600型が牽いた。

9111レ　両国発館山行き急行「うち房56号」DD51　35系客車　*1968.7.23*　房総西線 上総湊～竹岡

房総東・西線の中でも房総西線（現内房線）は臨時列車が多数運転され、7月21日から8月10日には両国を午前中に発つ50番台の急行だけでも6本が運転されるほどだった。当時気動車王国といわれた千葉鉄道管理局も、手持ちの気動車だけでは足りず客車列車も2往復運転された。写真の「うち房56号」にはブルー塗装で、車内には扇風機を取り付けるなど近代化工事を施したオハ35系が期間中の専用車として充てられた。

9104レ　舘山発両国行き急行「うち房52号」DD51　35系客車7連　*1968.7.23*　房総西線 上総湊～佐貫町

こちらは両国行きの「うち房52号」。千葉鉄道管理局の急行列車にふさわしく、牽引機のDD51 803にはヘッドマークが付けられている。機関車は真新しいがそれもそのはずで、10月改正で磐越東線貨物列車用に使用されるDD51型を早期に落成させ、房総夏輸送用に借り入れていたのだ。上の写真のDD51 805も同様である。

2109レ　白浜発天王寺行き準急「しらはま2号」35・43・10系客車8連　*1965. 3.22*　紀勢本線 湯浅〜藤並

紀勢本線では南紀一周の特急「くろしお」が新設された1965年3月改正でも、下り（天王寺行き）2本・上り1本の客車準急が運転されていた。写真は下り「しらはま2号」でC57型が8両の客車を牽いていた。最後尾はオハフ33だが、その前にスロ60とスロ51が連結されているのは、いかにも観光路線の優等列車といったところである。紀勢本線では白浜〜天王寺間準急は全車座席指定が「きのくに」、自由席列車は「しらはま」と愛称名が分けられていた。撮影地の湯浅は3月1日に駅名が紀伊湯浅から変更されたばかりだった。

朝靄が立ち込める冬の日の朝、上り「しらはま1号」が定刻の9時31分に天王寺駅を発車する。電化区間の阪和線内は、幹線旅客用としては初の国産機であるEF52型が牽引する。20m級の大型電機だが、スピードはさほど速くなく、1分前に発車した同じ白浜口行きの気動車準急「第1きのくに」に、東和歌山（現和歌山）到着時点で9分も差を付けられていた。上の写真の「しらはま2号」とは夫婦列車のため機関車の次位がオハフ33だが、この日は1等車が1両だけの連結である。

2106レ　天王寺発白浜口（現白浜）行き準急「しらはま1号」EF52 35・43系客車7連
1964. 2.11　阪和線 天王寺

3812レ　長野発大阪行き急行「彩雲」DD51　35・43系客車7連　*1968.7.26*　中央本線　贄川〜木曽平沢

DD51型が牽く上り急行「彩雲」。後方には通過したばかりの贄川駅下りホームに対向で停車中の名古屋発松本行き普通827レ、上りホームに待避停車のD51型牽引貨物列車の姿が見える。読者の中には「彩雲」の列車名に馴染みのない方もおられると思うが、1967年10月改正で、それまで大阪〜日光間を名古屋・長野・高崎・小山・宇都宮経由で周遊する、ツアー向けの「信越・日光観光団体列車」を廃止するにあたり、大阪〜長野間だけを不定期急行の「彩雲」として存続させた列車である。オール2等車の7両編成と、下りが夜行・上りは昼行の設定が「観光団体列車」の名残だった。この「彩雲」は1968年10月改正で「ちくま2ー2号」に改称されるので、1年だけの活躍で終わった。

601レ　上野発金沢行き急行「白山」EF62　10・43系客車ほか11連　*1972. 1.28*　信越本線 横川〜軽井沢

碓氷新線の撮影名所・碓氷第三橋梁を行く下り急行「白山」。上野から通しのEF62型が牽引するが、66.7‰の急勾配を登るため11両編成の後方には、"峠のシェルパ"ことEF63型が重連で補機仕業に当たっている。1954年10月以来、客車急行として複数の機関車の力を借りながら碓氷峠を行き来してきた「白山」も1972年3月には電車特急になるため、この姿が見納めであった。

急行白山（1972.2 現在）

← 602レ上野行き　　　　　　　　　　　　　　　　　　　　　　601レ　金沢行き→

①	②	③	④	⑤	⑥	⑦	⑧	⑨	⑩	⑪
指	指	指	指G	指	指	指	指	指	指	指
スハフ42	ナハ10	ナハ10	スロ62	ナハ10	ナハ10	ナハ10	ナハ10	ナハ10	ナハ10	スハフ42

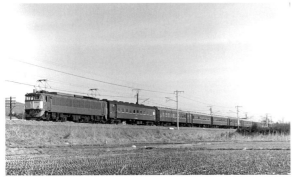

軽井沢で後部補機を切り離し身軽になった「白山」は浅間山麓の複線区間を長野・金沢へと急ぐ。客車急行時代の「白山」は11両の最大編成を確保するため10系軽量客車が主体に使用されたが、食堂車の連結は一度もなかった。輸送力増強が優先だったのが理由である。

601レ　上野発金沢行き
急行「白山」EF62　10・43系客車ほか11連
1972.1.29　信越本線　軽井沢～中軽井沢

碓氷峠に挑み続けた「白山」

　東京～北陸間では数少ない昼行優等列車の「白山」は、1954年10月の列車設定以来横川～軽井沢の碓氷峠に挑んだ列車だった。幹線鉄道としては類のない66.7‰勾配のため、アプト式時代はもちろん、1963年9月の粘着運転実施後も編成両数の制限を受けたため、最大11両運転に抑えられた。このため、上野～金沢間での電気運転が可能となった1969年10月改正後も客車列車のままで残された。その「白山」は1972年3月489系12連の電車特急に昇格。北陸(長野)新幹線開業で碓氷峠から鉄道が廃止されるまで頑張り続けた。

601レ　上野発金沢行き急行「白山」ED42　10・43系客車ほか10連　*1963.9.29　信越本線　横川～熊ノ平*

ラックレール区間を行く、アプト式での運転最終日の下り「白山」。前補機ED42型には「FAREWELL ABT」のヘッドマークが取り付けられた。横川～軽井沢間を前補機1両、後部に補機2両と本務機1両を連結したED42型4両でも、最高速度が20km/hに満たない低速運転とは今日でお別れ。

急行白山（1963.7現在）

←　602レ上野行き								601レ　金沢行き→	
①	②	③	④	⑤	⑥	⑦	⑧	⑨	⑩
自2等・荷	指1等	自1等	自2等	自2等	自2等	自2等	自2等	自2等	自2等
オハニ36	スロ51	スロ51	ナハ10	ナハ10	ナハ10	ナハ10	ナハ10	ナハフ10	ナハフ11
上野～金沢								上野～長野	

元来は急行の列車名だった「日本海」

　「日本海」の列車名からは、1968年から2012年の長きにわたり大阪〜青森間を中心に活躍した寝台特急が、あまりにも有名だが、それ以前の「日本海」は同区間の急行として戦後の1950年から走り続けた列車だった。特に1960年代初頭までは文字通り日本海縦貫線を走り通す唯一の優等列車で、大阪〜北陸間は夜行、以北は昼行ダイヤで運転され、北海道連絡の使命も受け持つ重要列車でもあった。1961年10月の特急「白鳥」登場で看板の座を譲るが、日本海縦貫線での都市間輸送のほか、当時年々増加する関西から東北・北海道への観光客からは無くてはならない列車であり、年間を通し全区間で乗車率が高かった。

502レ青森発大阪行き急行「日本海」DF50　10・43系客車ほか10連　*1966. 8.21*　奥羽本線 津軽湯の沢〜陣場　撮影：鈴木孝行

矢立峠を行く上り急行「日本海」。列車の後部がトンネルに隠れているがD51型の補機が付いている。当時の「日本海」は糸魚川〜青森間では未電化区間を走るが、無煙化は達成されており、新潟以北はDF50型の牽引だった。この区間は完全に昼間の列車だが、「日本海」時代には全区間通しの2等寝台車が1両連結されていた。

急行日本海（1966. 5 現在）

←　502レ大阪行き

501レ　青森行き　→

	①	②	③	④	⑤	⑥	⑦	⑧	⑨	⑩	⑪	⑫
郵便	自1等	指1等	2等寝台	食堂	自2等	自2等	自2等	自2等	自2等	自2等	1等寝台B	2等寝台
オユ10	オロ61	オロ61	オハネ17	オシ17	スハ43	スハ43	スハ43	スハ43	スハフ42	スハフ42	オロネ10	ナハネフ10

| 大阪〜青森 | | | | | | | | | | 大阪〜秋田 | 大阪〜新潟 | |

501レ大阪発青森行き急行「きたぐに」DF50 10・43系客車ほか9連　*1969. 4.29*　奥羽本線　北金岡〜東能代

秋田県内の米どころ能代平野を行く下り「きたぐに」。列車名を「日本海」から改称してまだ半年で、編成から寝台車が姿を消した以外、以前と変わらない。中間の5両目には食堂車が入り、編成全体を引き締めている。

信越本線内で朝を迎えた下り「きたぐに」。撮影区間では10系寝台車＋12系座席車などの14両フル編成である。このうち寝台車は新潟で切り離され、以北は一般型の荷物、郵便車とグリーン車に12系を併結した編成になる。座席車部分はオール冷房車のため、スロ62は陳腐化が際立っていた。

501レ大阪発青森行き急行「きたぐに」EF81 10・12系客車ほか14連　*1979. 8.20*　信越本線　柿崎〜米山

急行きたぐに（1974.7 現在）

← 502レ大阪行き　　　　　　　　　　　　　　　　　　　　　　　501レ　青森行き　→

		①	②	③	④	⑤	⑥	⑦	⑧	⑨	⑩	⑪	⑫
荷物	郵便	指G	指	自	自	自	自	自	B寝台	B寝台	A寝台	B寝台	B寝台
マニ37	オユ10	スロ62	オハフ13	オハ12	オハ12	オハ12	オハ12	スハフ12	オハネフ12	スハネ16	オロネ10	スハネ16	オハネフ12

大阪〜青森	大阪〜新潟

501レ大阪発青森行き急行「きたぐに」 ED75 10・43系客車ほか8連　*1973.7.28*　奥羽本線　大釈迦

1971年の秋田〜青森間電化以後、"奥羽北線"の顔となったED75 700番台の牽く下り「きたぐに」が大釈迦駅を通過。終点青森まではあと3駅で、車内では青函連絡船への乗船名簿が配布されていることだろう。一般型客車で編成されてきた「きたぐに」も、10月からは普通車部分が12系座席車に置換えられる。

急行きたぐに（1973.7 現在）

← 502レ大阪行き　　　　　　　　　　　　　　　　　　　　　　　　　　　501レ 青森行き →

①	②	③	④	⑤	⑥	⑦	⑧	⑨	⑩	⑪	⑫	⑬
郵便	指G	指	自	自	自	自	自	自	B寝台	B寝台	A寝台	B寝台	B寝台
オユ10	スロ62	オハ47	オハ47	ナハ10	ナハ10	オハ47	ナハフ10	スハフ42	オハネフ12	スハネ16	オロネ10	スハネ16	オハネフ12

大阪〜青森	大阪〜秋田	大阪〜新潟

「日本海」の後継列車「きたぐに」

　1968年10月改正で日本海縦貫線に待望のブルートレインが誕生する。当時の列車名の付け方では寝台特急は抽象的か天体に関するネームが授けられるところだが、沿線の要望もあって「日本海」が横滑りしたといわれる。そのため、急行「日本海」は改称を余儀なくされ、「きたぐに」を名乗る。しかし、列車名が変わっても「きたぐに」の実体は急行「日本海」時代とほとんど変わるところがなく、座席車主体の編成は周遊券利用客や区間旅客から親しまれた。客車の編成は全区間を通すハネの連結はなくなったが、旧「日本海」のものを継承。その後食堂車は1972年11月の北陸トンネル列車火災事故を機に連結が外され、翌1973年10月からは京都〜広島間急行「音戸2−1号」とともに、定期列車としては初の普通車12系化が実施される。1982年11月以後は大阪〜新潟間での運転で、14系寝台・座席車や583系電車による夜行列車として、特急「日本海」同様に2012年3月まで活躍を続けた。

501レ大阪発青森行き急行「きたぐに」DD51 10・43系客車ほか10連　*1969. 4.28*　羽越本線　勝木〜府屋

夏には海水浴で賑わう海岸を行く急行「きたぐに」。1968年10月改正からDF50型に替わってDD51型が牽く。時刻は11時頃だが、冷房が効いた食堂車では、早めに昼食をとったり、海の景色を見ながらコーヒーを楽しんだりしている乗客もいることだろう。

急行きたぐに（1969.1 現在）

← 502 レ大阪行き

501 レ　青森行き　→

郵便	指自 1 等	自 2 等	自 2 等	食堂	自 2 等	自 2 等	自 2 等	自 2 等	2 等寝台	2 等寝台	2 等寝台	1 等寝台 B	2 等寝台
①	②	③	④	⑤	⑥	⑦	⑧	⑨	⑩	⑪	⑫	⑬
オユ 10	スロ 62	スハ 43	ナハ 10	オシ 17	ナハ 10	オハ 46	ナハフ 10	スハフ 42	スハネ 16	スハネ 16	スハネ 16	オロネ 10	オハネフ 12
大阪～青森								大阪～秋田	大阪～新潟				

404レ青森発上野行き急行「津軽2号」EF57 10・43系客車ほか11連　*1974. 1. 6*　東北本線　古河〜栗橋

撮影当時、上り「津軽2号」は同「八甲田」とともに、東京近郊で撮影しやすいEF57型牽引急行としてファンの間で有名だった。しかし、ファンの気持ちとは裏腹に通勤型電車ですら冷房付きで登場する時代にあって、冷房のない古いスタイルの急行には、利用客から改善を求める声が国鉄に殺到していたのは、当然のような話だった。

急行津軽 1—2 号 （1973.12 現在）

← 　404 レ上野行き　　　　　　　　　　　　　　　　　　　　　　　　　　　　　401 レ　青森行き→

		④	⑤	⑥	⑦	⑧	⑨		⑩	⑪	⑫
荷物	荷物	指G	A寝台	B寝台	B寝台	指	自		自	自	自
マニ	マニ	スロフ62	オロネ10	スハネ16	スハネ16	（　オハ46　・　オハ47　）					オハフ45

上野〜秋田	上野〜青森

“出世列車”の異名を取っていた「津軽」

　交通機関が多様化した現在ではさすがに聞かれなくなったが、かつて上野〜青森間を奥羽本線経由で結んだ急行「津軽」は、一般型客車時代の1970年代初頭までは、“出世列車”の異名を取っていたことで知られている。これは、「津軽」が奥羽本線経由急行になった1956年から1965年にかけて、上野から秋田以北の能代・大館・弘前方面に直通する急行は、「津軽」1往復だけだったことに起因する。当時、奥羽本線沿線から就職のために上京する中・高校の卒業生が多かったが、帰郷時に「津軽」に乗車できるかどうかが、出世のバロメーターになっていた。それで、いつしか「津軽」は“出世列車”と呼ばれるようになったのである。“出世”という言葉の意味はともかく、手を離れたわが子が成長して、元気な姿で帰郷して欲しいと願うのは、親なら誰しも同じだろう。そうした「津軽」も特急「あけぼの」登場の1970年以後は、年を追うごとに“出世列車”呼び声は聞かれなくなる。

404レ青森発上野行き急行「第1津軽」DF50　10・43系客車ほか8連　*1966.8.21*　奥羽本線　津軽湯の沢〜陣場　撮影：鈴木孝行

急行「津軽」は1965年10月から1982年11月までは2往復設定され、写真の「第2一第1津軽」には全区間を通す1等車が2両連結されていた。帰省客にとってはこの車両に乗車するのが一種のステータスとなっていた。奥羽本線は県境区間にトンネルが多いため、優等列車牽引にはDF50型ディーゼル機関車が1959年から投入され、無煙化に関しては東北本線よりも早かった。

急行第2一第1津軽（1966.5現在）

← 404レ上野行き　　　　　　　　　　　　　　　　　　　　　　　　　　　　　　　　　　　403レ　青森行き →

	①	②	③	④	⑤	⑥	⑦	⑧	⑨	⑩	⑪	⑫
郵便	2等寝台	1等寝台B	自1等	指1等	2等寝台	2等寝台	自2等	自2等	自2等	自2等	自2等	自2等
スユ37	ナハネ10	オロネ10	オロフ61	オロ61	オハネ17	オハネ17	（　ナハ10　・　ナハ11　）			ナハフ10	ナハ11	スハフ42

上野〜秋田　　上野〜秋田　　│上野〜青森　　　　　　　　　　　　　　　　│上野〜新庄

奥羽本線は福島〜秋田間が北海道連絡の使命を有しないことで、全線電化は1975年10月まで持ち越され、「津軽」もやっと全区間での電気機関車牽引が実現する。機関車の次位にスロフ62が連結されているが、DF50型やDD51型牽引の未電化時代は、乗降客にとっては機関車のエンジン音がうるさかったことだろう。この「津軽」2往復の普通車部分は1978年10月から12系に置換えられた。

402レ青森発上野行き
急行「津軽2号」ED75
10・43系客車ほか9連
1976.5.2　奥羽本線
鶴ヶ坂〜大釈迦

急行津軽2一1号（1976.7現在）

← 402レ上野行き　　　　　　　　　　　　　　　　　　　　　　　　　　　　　　403レ　青森行き →

	①	②	③	④	⑤	⑥	⑦	⑧	⑨	⑩	⑪	⑫
郵便	自	B寝台	B寝台	指G	A寝台	B寝台	指	自	自	自	自	自
スユ37	オハフ45	スハネ16	スハネ16	スロフ62	オロネ10	スハネ16		（　オハ46　・　オハ47　）				オハフ45

上野〜米沢　│上野〜秋田　　│上野〜青森

401レ上野発秋田行き急行「鳥海」DF50 10・43系客車ほか9連　*1965. 7. 29*　奥羽本線　刈和野

現在では秋田新幹線と奥羽本線との標準軌・三線軌（1435mmと1067mm）併用区間になっている刈和野駅通過の下り「鳥海」。「津軽」の姉妹列車というべき昼行列車で食堂車も連結していた。写真左側のDF50型＋オハフ61は福島発大館行き413レだが、当日は遅延が発生したため、急行待避の羽目になってしまったものと思われる。

急行鳥海（1965.9 現在）

		①	②	③	④	⑤	⑥	⑦	⑧	⑨	⑩
← 402 レ上野行き											401 レ　秋田行き→
郵便	自2等	自2等	自2等	指1等	自1等	食堂	自2等	自2等	自2等	自2等	
スユ 13	スハフ 42	スハ 43	スハフ 42	オロ 61	オロ 61	スシ 17	ナハ 11	ナハ 11	ナハ 11	スハフ 42	
上野〜福島	上野〜山形			上野〜秋田（奥羽本線経由）							

水上駅でEF16型の補機を連結し、発車を待つ下り「鳥海」。1968年10月には昼行列車や不定期列車が設定されていたため、「鳥海2—3号」を名乗っていたが、日本海縦貫線全線電化の1972年10月からは上野〜秋田間電車特急「いなほ」の増発などで単独列車名になる。上越線は最急勾配が20‰なので、清水トンネルを含む水上〜石打間も補機連結で13両編成での運転も可能だった。

801レ上野発秋田行き急行「鳥海」
EF16＋EF58 10・43系客車ほか13連
1979. 8. 19　上越線　水上

急行鳥海（1979.8 現在）

			①	②	③	④	⑤	⑥	⑦	⑧	⑨	⑩
← 804 レ上野行き												801 レ　秋田行き →
荷物	荷物	荷物	A寝台	B寝台	B寝台	指G	自	自	自	自	自	自
スニ 41	スニ 40	マニ 36	オロネ 10	オハネフ 12	スハネ 16	スロ 62	（　スハ 43 ・		オハ 46 ・		オハ 47　）	スハフ 42
上野〜新津			上野〜秋田（羽越本線経由）									

複雑な履歴を持つ「鳥海」と「たざわ」

　「鳥海」と「たざわ」の両列車は秋田駅に関わっている以外は、1960年代からJR化後も、動力や走行路線を幾度も変えているので、掴みどころがない。そこで、この両ページでは写真とともに解説していきたい。

　まず、「鳥海」は前ページ上の写真のように、1956年11月から1965年9月までは上野〜秋田間を奥羽本線経由で結ぶ昼行急行だった。しかし、1965年10月改正で、「鳥海」の列車名は同区間を上越・羽越本線経由の気動車急行に転用されたため、奥羽本線経由の昼行急行は157ページ（下）写真の「たざわ」に改称される。その3年後の1968年10月改正では「鳥海」は上越・羽越経由急行の総称列車名とされたことで、それまで「羽黒」のネームを名乗っていた同区間の夜行列車も「鳥海」に編入され、156ページ（下）写真の姿に落ち着いたわけである。ちなみに「たざわ」のネームは1968年10月改正で、仙台／盛岡〜秋田間を田沢湖線経由で結ぶ気動車急行に採用され、秋田新幹線特急「こまち」の礎を築いている。

　列車名も新線開業や社会情勢の変化により、運転区間や経路が変更されることもあるが、「ヨンサントオ」こと1968年10月のコンピューター本格導入に伴い、ネームの統合や変更を大規模に実施したことが大きかった。

1401レ上野発秋田行き急行「たざわ」EF64 10・43系客車ほか8連　*1967.7.4*　奥羽本線　大沢〜関根　撮影：篠崎隆一

1965年10月改正で上野〜秋田間急行の列車名に抜擢された「たざわ」。当時の福島〜米沢間は直流電化のため、EF64型の牽引だった。その「たざわ」は1968年10月改正では気動車化のうえ、列車名も同区間夜行の「おが」に統合。幹線急行としての活躍は3年に終わってしまったが、この"不運"が最終的に「こまち」につながるのが、"列車名変遷史"の醍醐味である。

急行たざわ（1967.7現在）

←	1402レ上野行き								1401レ　秋田行き→	
	①	②	③	④	⑤	⑥	⑦	⑧	⑨	⑩
郵便	自2等	指1等	自1等	食堂	自2等	自2等	自2等	自2等	自2等	自2等
スユ13	スハフ42	オロ61	オロ61	オシ17	スハ43	スハ43	スハ43	スハフ42	スハ43	スハフ42

上野〜福島　　　　　　　上野〜秋田（奥羽本線経由）　　　　　　上野〜米沢

名脇役の「ばんだい」と「ひめかみ」

　上野から郡山を経て磐越西線に入る急行「ばんだい」は1963年2月当時3往復設定され、2往復が客車、1往復が気動車による運転だった。客車の2往復は磐越西線内の輸送量との関係で、東北本線内は第1―第2が秋田行き「鳥海」に、第2―第1は仙台行き「吾妻」に併結されていた。一方の「ひめかみ」は同時期に運転されていた上野〜盛岡間の不定期急行で、編成の半分を福島回転にすることにより、上野〜青森間や同〜仙台間急行から盛岡や福島までの旅客分離に努めていた。何れも地味な列車だが、東北本線では名脇役といえる存在だった。

身軽な編成で磐越西線内を行く上り「第2ばんだい」。DF50型牽引は急行利用客に対する最大のサービスだった。磐越西線急行を郡山で東北本線急行や奥羽本線直通と併結するスタイルは、1967年7月の喜多方電化による電車化後も継続された。

2402レ喜多方発上野行き急行「第2ばんだい」DF50 43系客車ほか5連
1963. 3. 8　磐越西線会津若松〜広田
撮影：篠崎隆一

急行鳥海第1―第2ばんだい（1963. 2 現在）

←　402レ・2402〜402レ上野									401レ　秋田行き・401〜2401レ喜多方行き　→				
①	②	③	④	⑤	⑥	⑦	⑧	⑨	⑩	⑪	⑫	⑬
郵便	自2等	指1等	自1等	食堂	自2等	自2等	自2等	自2等	自2等	指1等	自2等	自2等
スユ13	スハフ42	オロ61	オロ61	オシ17	ナハ11	ナハ11	ナハ11	スハフ42	スハフ42	オロ61	スハ43	スハ43	スハフ42
上野〜秋田（鳥海）								上野〜喜多方（ばんだい）				

7両編成で福島駅に進入する上り「ひめかみ」は、ここからさらに6両を連結して上野に向かう。上下列車とも上野〜仙台間は急行「青葉」に雁行、仙台〜盛岡間は急行「みちのく」と特急「はつかり」の間を走るダイヤなので、最初から決めて乗車した旅客も多かったと言われる。1966年10月に定期格上げのうえ455系電車化されるが、列車名は「いわて」に統合された。

1034レ盛岡発上野行き急行「ひめかみ」ED71　43系客車ほか7連
1963. 1. 5　東北本線　福島
撮影：篠崎隆一

急行ひめかみ（1963. 2 現在）

←　1034レ上野行き										1033レ　盛岡行き→	
①	②	③	④	⑤	⑥	⑦	⑧	⑨	⑩	⑪	⑫
自2等	指1等	自2等	自2等	自2等	自2等	自2等	指1等	自2等	自2等	自2等	自2等
スハフ42	オロ61	スハ43	スハ43	スハ43	スハフ42	スハフ42	オロ61	スハ43	スハ43	スハ43	スハフ42
上野〜盛岡						上野〜福島					

東北急行の代表格列車「みちのく」

　東北地方で数多く運転された急行列車の中での代表格は「みちのく」である。戦後の運転開始から特急「はつかり」登場の1958年10月までは、上野～青森間を結ぶ唯一の昼行列車で青函連絡船深夜便に接続。札幌での時刻も良好なことで、北海道連絡はもとより、本州内停車駅相互間の利用客も多かった。「みちのく」は1968年9月まで客車急行として活躍を続けるが、C62型などの大型蒸機と大半を茶色のスハ43系で固めた重厚な長大編成とのコンビも絶妙で、「はつかり」や「ゆうづる」とは異なった魅力を醸し出していた。

11レ上野発青森行き急行「みちのく」 C62　43系客車ほか12連　1963. 1.3　常磐線　平（現いわき）　撮影：篠崎隆一

平駅に到着する下り「みちのく」。C62型が牽く12両編成は全線電化前の東海道本線急行を彷彿させる。客車急行「みちのく」が運転されていた頃の常磐線は、上野～青森間のメインルートであり、同線にとっても黄金時代だった。

急行みちのく（1963.2現在）

← 12レ上野行き	①	②	③	④	⑤	⑥	⑦	⑧	⑨	⑩	⑪	11レ 青森行き ⑨	→ ⑩
荷物	指1等	自1等	食堂	自2等	自2等	自2等	自2等	自2等	自2等	自2等	自2等	自2等	自2等
マニ	スロ54	スロ51	スシ48	スハ43	スハ43	スハ43	スハ43	スハフ42	スハ43	スハ43	スハフ42	スハフ42	スハフ42
上野～青森									上野～仙台			仙台～青森	仙台～盛岡

11レ上野発青森行き
急行「みちのく」 C62　43系客車ほか12連
1963. 3.14　東北本線　岩沼～増田（現名取）　撮影：篠崎隆一

　岩沼で東北本線に合流した急行「みちのく」。C62型の大きなボイラーにシールドビームの前照灯は似合わない。「みちのく」の牽引機は仙台からC61型に交替。盛岡～尻内間ではC60型が前補機に付いた。なお、起点区間は上野～水戸間がEF80型、水戸～仙台間は写真のC62型が牽引した。

208レ青森発上野行き急行「第2十和田」 C60 10・43系客車ほか9連 *1968. 8.16* 東北本線 青森

東北本線のうち未電化区間だった盛岡～青森間では1965年夏以来、客車優等列車の牽引機は蒸気機関車からDD51型に置き換えられていた。しかし、全線電化を目前とした1968年の旧盆輸送においてもDD51型の絶対数が不足したため、臨時列車牽引には蒸機が駆り出され、一部は運用の都合で定期列車にも入った。写真撮影当日の青森発17時15分の「第2十和田」もC60型の牽引になるが、繁忙期の車両転配との関係からか、当日は「第4—第1十和田」用の編成が使用され、三軸ボギーのスシ48が編成に加わっていた。編成図は同列車のものを掲載する。

急行第4—第1十和田（1968. 7 現在）

← 210レ上野行き　　　　　　　　　　　　　　　　　　　　　　　　　　　　　　209レ青森行き→

		②	③	④	⑤	⑥	⑦	⑧	⑨	⑩	⑪
荷物	郵便	2等寝台	指自1等	食堂	自2等	自2等	自2等	自2等	自2等	自2等	自2等
オユ10	スハネ16	スロ62	スシ48	ナハ11	スハ43	スハ43	スハフ42	スハ43	スハフ42

上野～仙台　　　　　　　　　　　　上野～青森　　　　　　　　　　　　　　　上野～尻内

仙台で牽引機をC62型に交替し、上野への発車を待つ急行「第3十和田」。「第2—第3十和田」は4往復の中でも起終点の時刻に無理がないことでよく眠れる列車と好評だったが、寝台車部分の充実に対し食堂車の連結がないことは惜しまれた。この列車は特急「ゆうづる」より30分早く平に到着するため、撮影となると夏至を挟んだ期間に限られた。

206レ青森発上野行き
急行「第3十和田」 C62 10・43系客車ほか13連
1967. 9. 2 東北本線 仙台

急行第2—第3十和田（1966. 3 現在）

← 206レ上野行き　　　　　　　　　　　　　　　　　　　　　　　　　　　　　　205レ青森行き→

荷物	①	②	③	④	⑤	⑥	⑦	⑧	⑨	⑩	⑪	⑫
荷物	1等寝台B	指自1等	自1等	2等寝台	2等寝台	2等寝台	2等寝台	自2等	自2等	自2等	自2等	自2等
マニ	オロネ10	オロ61	オロ61	オハネ17	オハネ17	オハネ17	オハネ17	ナハ11	ナハ11	ナハ11	オハ46	スハフ42

多本数を誇った夜行急行「十和田」

　1965年10月から1968年９月まで、上野～青森間夜行急行は定期列車だけで７往復が設定されており、そのうちの４往復が常磐線経由の「十和田」だった。当時すでに同区間には寝台特急が運転されているため、「十和田」は各列車とも寝台・座席混結の編成とされた、しかし、北海道連絡の有無や本州内での走行時間帯の違いにより、「十和田」４往復の利用客はそれぞれニーズが異なるため、食堂車連結の有無や寝台車の連結両数など、列車によって個性が溢れていた。

205レ上野発青森行き急行「第２十和田」C60後補　10・43系客車ほか13連　*1966. 3.24*　東北本線 向山～三沢　撮影：鈴木孝行

　左ページ（下）の上り「第３十和田」の夫婦列車である下り「第２十和田」。盛岡～青森間はC61型の牽引だが、長大編成のため同区間でC60型が後部補機を勤めた。荷物車の前にオロネ10とオロ61・２両、さらにオハネ17群が続く編成に当時の上野～青森間夜行急行の地位の高さがよく分かる。

庇のない運転台前頭や前照灯が特徴的なDD51型１号機が牽く下り「第４十和田」。上野発が23:30のため青森県内では午後の時間帯を走ることになり、１両だけの寝台車は尻内でお役御免。そのため、撮影区間では座席車だけの編成で運転されていた。

209レ上野発青森行き
急行「第４十和田」DD51　10・43系客車ほか11連
1966. 3.15　東北本線 狩場沢～清水川
撮影：鈴木孝行

210レ青森発上野行き急行「第1十和田」DD51 10・43系客車ほか10連　*1966.3.8*　東北本線 野内〜浅虫（現浅虫温泉）

161ページ（下）の下り「第4十和田」と同時期に撮影された上り「第1十和田」。夫婦列車のため編成は同一である。こちらはDD51型量産試作車の牽引で、上野行きのため郵便車の後に1等車2両と食堂車（この日はオシ17）が続く。寝台車の連結は尻内（現八戸）からだが、1967年10月改正からは全区間連結に変更されたので、この付近でも夜行列車らしい体裁を整えることができた。

急行第4一第1十和田（1966.3現在）

←　210レ上野行き　　　　　　　　　　　　　　　　　　　　　　　　　　　　　　　　209レ青森行き→

		③	④	⑤	⑥	⑦	⑧	⑨	⑩	⑪	⑫	⑬
荷物	郵便	指1等	自1等	食堂	自2等	自2等	自2等	自2等	自2等	自2等	自2等	2等寝台
マニ	オユ10	オロ61	オロ61	スシ48	ナハ11	ナハ11	スハ43	スハ43	スハ43	スハフ42	スハ43	ナハネフ10
上野〜仙台		上野〜青森									上野〜尻内	

地味な存在に終始した「八甲田」

　上野～青森間夜行急行の「十和田」が4往復運転されていた1965年10月当時、東北本線経由列車の孤塁を守っていたのが「八甲田」。1961年に当時の寝台急行と同じ連絡船に接続する、座席車主体の補助列車として登場した経緯があり、終生1等寝台車と食堂車には縁がなかった。しかし、列車としての活躍はJR化後も続き、国鉄時代にリタイアした「十和田」とは対照的だった。

「八甲田」は1985年3月の東北新幹線上野開業まで、特急「はくつる」と同一連絡船に接続するダイヤで運転されており、乗車翌日には道東・道北地方まで到着できることで周遊券利用客から人気があった。しかし、客車列車が故に撮影当時の上りは「はくつる」の6分後に青森を発車しても、終点上野では2時間に近い差を付けられていた。

102レ青森発上野行き
急行「八甲田」EF58 10・43系客車ほか11連
1975. 1. 4　東北本線 古河～栗橋

急行八甲田（1975. 1 現在）

← 102レ上野行き　　　　　　　　　　　　　　　　　　　　　　　　　　101レ　青森行き →

		①	②	③	④	⑤	⑥	⑦	⑧	⑨	⑩	⑪	⑫
荷物	郵便	指	指G	B寝台	B寝台	自	自	自	自	自	自	B寝台	自
マニ37	オユ10	スハフ	スロ62	スハネ16	スハネ16	スハ43	ナハ11	ナハ11	スハ43	スハ43	スハフ42	スハネ16	スハフ42

下りのみ　上りのみ　　　　　　　　　　　　上野～青森　　　　　　　　　　　　　　　　仙台～青森

デッキ付きの電気機関車として人気を博したEF57型も1973年10月改正後は"引退間近"が報じられるようになったため、多くの鉄道ファンが東北本線沿線に押し寄せた。そのEF57型牽引優等列車のトリを飾るのが「八甲田」だった。著名撮影地ではファンの数も多かったが、現在ほどの"密"ではなかった。撮影ルールも暗黙のうちに守られており、目立ったトラブルもなかったように思う。"スマホ"や"撮り鉄"などといった言葉が登場する30年以上も前の話である。

102レ青森発上野行き
急行「八甲田」EF57 10・43系客車ほか11連
1974. 1. 6　東北本線 白岡～蓮田

106レ札幌発函館行き急行「ていね」 C62重連　45系客車ほか11連　*1968. 8. 19*　函館本線 目名〜上目名（現目名〜熱郛）

C62型重連急行「ていね」の凄まじい轟音が山間部の静寂を打ち破る。この迫力は実際に撮影した者でないと分からない。
C62型急行の「ていね」時代は利用客が多く、編成も長かった。

北海道だけで見られたC62型重連急行

　国鉄最大の大型蒸気機関車C62型は、1956年11月の東海道本線全線電化に伴い、一部は新しい活躍場所を求め北海道へ転出。当時函館口で運転されていた客車急行3往復の小樽までの牽引に就く。長万部からは山の中を行く勾配区間のため、C62型どうしでの重連で運転された。このことが鉄道ファンの間で知られるようになるのは雑誌に紹介された1965年夏からだが、当時C62型重連急行は「まりも」1往復しかなく、同年10月から列車名を「ていね」に改称。さらに1968年10月には総称列車名の採用でカタカナの「ニセコ」という馴染めないネームになってしまう。しかし、国鉄から蒸気機関車の終焉が迫る中、北海道内の無煙化の遅れもあって蒸気急行「ニセコ」の活躍は1971年9月まで続いた。その後、「ニセコ」はDD51型牽引になるが、長万部〜小樽間での重連運転はそのまま継続された。

急行ていね（1968. 1 現在）

← 　106レ函館行き　　　　　　　　　　　　　　　　　　　　　　　　　　　　　　　　　　　105レ札幌行き→

			①	②	③	④	⑤	⑥	⑦	⑧	⑨
荷物	郵便	荷物	指自1等	指2等	指2等	食堂	自2等	自2等	自2等	自2等	自2等
	オエ10	マニ36	スロ52	スハ45	スハ45	マシ35	スハ45	スハ45	スハ45	スハ45	スハフ44

下りのみ

103レ函館発札幌行き急行「ニセコ３号」DD51重連　45系客車ほか11連　*1971. 10. 2*　函館本線 長万部

牽引機がC62型からDD51型に替わった直後の急行「ニセコ３号」。常連の利用客にとって無煙化は福音である。当時は蒸気機関車撮影ブーム、いわゆる"SLブーム"はまだまだ続いていたため、撮影ファンは他線区にターゲットを求めた。それにより、函館本線ヤマ線区間は元の静けさを取り戻した。

急行ニセコ３―１号（1971.10 現在）

←　106 レ函館行き

105 レ札幌行き→

					①	②	③	④	⑤	⑥	⑦
荷物	荷物	郵便	郵便	荷物	指	指Ｇ	指	自	自	自	自
		オユ	オユ		スハフ44	スロ62	（	ス	ハ　4	5　）	スハフ44

下りのみ　　　　上りのみ　下りのみ

内浦湾沿いの複線区間を行く上り「ニセコ」。3日前のダイヤ改正で「ニセコ１―４号」を名乗っていた気動車急行が廃止されたため、「ニセコ」は客車列車の１往復運転になり、号数番号は外された。千歳空港駅開業で本州対北海道輸送も連絡船から、航空機に移行したため、牽引機のDD51型も寂しげに映る。

104レ札幌発函館行き
急行「ニセコ」 DD51　45系客車ほか８連
1980.10. 3　函館本線 八雲～山越

急行ニセコ（1980.10 現在）

←　101 レ札幌行き

104 レ　函館行き→

①	②	③	④	⑤	⑥	⑦			
自	自	自	指	指	指Ｇ	指	荷物	荷物	郵便
スハフ44	（	ス ハ 43 ・	ス ハ 45	）	スロ62	スハフ44			オユ

下りのみ　　　上りのみ

106レ札幌発函館行き急行「ていね」C62 45系客車ほか11連　1967.10.6　函館本線 大沼～仁山

小沼湖畔を行く上り「ていね」。平坦区間なのでC62型は単機でゆったりした表情で走る。釧路直通の「まりも」時代の面影を残す長大編成にはスロ52やマシ35といった重厚な車両の姿が見える。

1216レ札幌発函館行き急行「たるまえ」C62 10・45系客車ほか13連　*1968. 8. 18*　函館本線 大沼～仁山

小沼湖畔を行く上り「たるまえ」。室蘭・千歳線経由の急行で、青函航路を介して急行時代の「日本海」に接続するため、札幌～大阪間を旅行するには車中2泊を要した。この日は機関車次位のユニ連結を省略しているが、旧盆輸送のため編成は13両に増結されている。C62型は1969年9月末まで函館～長万部間では「たるまえ」～「すずらん」も牽引した。

急行たるまえ（1968. 4 現在）

←　1216レ函館行き			①	②	③	④	⑤	⑥	⑦	⑧	1217レ札幌行き→ ⑨	⑩
郵便・荷物	荷物	2等寝台	2等寝台	1等寝台B	指自1等	指2等	指2等	自2等	自2等	自2等	自2等
		ナハネフ10	オハネ17	オロネ10	スロ52	スハ45	スハ45	スハ45	スハ45	スハ45	スハフ44
函館～長万部　上りのみ					函館～札幌						

北海道内の夜行急行列車

　北海道は"でっかいどう"と言われるほど広大な面積を有しており、道都札幌から函館・釧路・網走・稚内へは4方面とも300km以上の距離があるため、1965年10月改正時点では、「たるまえ」「まりも」「石北」「利尻」と、列車名を聞いただけで行き先がわかるような夜行急行が運転されていた。各列車とも寝台と座席の混結で、寝台列車に指定されている「まりも」を除いては自由席が主体の編成だった。小樽～釧路間には寝台車連結の夜行普通423・424レ（後の「からまつ」）が設定されており、同区間のエコノミー指向客のフォローに当たっていた。これら4夜行は1968年10月改正で、同系統の昼行列車と愛称統合が実施され、「利尻」以外は「すずらん6—6号」「狩勝4—3号」「大雪6—6号」に改称される。北海道内の夜行急行には常連客が多かっただけに、当時は戸惑いもあったようだ。

418レ釧路発札幌行き急行「狩勝3号」DD51 10・45系客車ほか13連 *1974. 8.12* 函館本線 豊幌〜江別 撮影：奥野和弘

札幌〜釧路間の「狩勝4—3号」は座席車が指定席のため、北海道内では唯一寝台列車の看板を背負っていた。撮影当時は普通車1両増結の13両で運転。写真の画面に収まりきらないほどの長編成である。当時札幌から北へ向かう夜行列車はED76型が牽引したが、「狩勝」は滝川で分岐するせいか、全区間をDD51型が担当した。この夜行「狩勝」は1981年10月の石勝線開業で「まりも」の列車名に戻り、JR化後も活躍した。

急行狩勝 4—3 号（1974. 7 現在）

← 418 レ札幌行き　　　　　　　　　　　　　　　　　　　　　　　　　　　417 レ釧路行き→

		①	②	③	④	⑤	⑥	⑦	⑧	⑨	⑩
郵便	荷物	指	指	指G	A寝台	B寝台	B寝台	B寝台	B寝台	B寝台	B寝台
オユ	マニ	スハフ44	スハ45	スロ54	オロネ10	スハネ16	スハネ16	スハネ16	スハネ16	スハネ16	オハネフ12

早朝の岩見沢駅に停車中の急行「石北」。函館本線の小樽〜滝川間は1968年8月に電化されるが、周りの風景からはそうした気配は感じられない。当時C62型の札幌以北への運用は2往復だが、旭川まで通すのは「石北」だけで、それも1968年10月改正で消滅した。「石北」は札幌到着後寝台車を切り離し、普通列車として函館まで直通する。函館本線沿線の利用客としては乗り得列車だった。

網走発函館行き（北見〜札幌間
急行518レ「石北」）C62 10・45系客車ほか12連
1967.10. 9 函館本線 岩見沢

急行石北（1968.1 現在）

← 1528 〜 518 〜 124 レ函館行き　　　　　　　　　　　　　　　　123 〜 517 〜 1527 レ網走行き→

			①	②	③	④	⑤	⑥	⑦	⑧	⑨	⑩
荷物	郵便・荷物	2等寝台	2等寝台	1B・2等寝台	指自1等	指2等	自2等	自2等	自2等	自2等	自2等
		ナハネフ10	オハネ17	オロハネ10	スロ52	スハフ44	スハ45	スハ45	スハ45	スハ45	スハフ44
札幌〜網走	函館〜網走	札幌〜網走				函館〜網走					

3201レ 函館発札幌行き急行「石狩」C57重連 45系客車ほか10連　*1967. 8.12*　室蘭本線 白老〜社台　撮影：鈴木孝行

カニ族と呼ばれる周遊券利用の若者が大挙して北海道観光旅行に押し寄せた1960〜70年代の時代、夏の「石狩」は所定の6両では利用客を捌き切れず、最大10両で運転された。牽引機C57型も重連だが、室蘭本線は平坦なので1両は回送を兼ねているものと思われる。

急行石狩（1967. 7 現在）

← 3202レ函館行き				3201レ札幌行き→	
①	②	③	④	⑤	⑥
指2等	指自1等	自2等	自2等	自2等	自2等
スハフ44	スロ52	スハ45	スハ45	スハ45	スハフ44

万年不定期急行に終わった「石狩」

　「いしかり」の列車名からは、1975年7月に登場した北海道初の電車特急をイメージされる方が大半だと思うが、客車時代の「石狩」は1958年10月からの10年間、函館〜札幌間を室蘭・千歳線経由で結ぶ多客期運転の不定期急行として運転された。青函連絡船深夜便の旅客を受ける特急「おおぞら」や急行「大雪」（のち列車名を「ライラック」に改称）の混雑緩和が目的の列車で、1967年3月までは編成中に半室食堂車スハシ38を連結していた。

最後の夏季輸送に活躍中の急行「石狩」。当時函館〜長万部間はD51型が牽引した。車両は8両に増結されているが、45系だけでは足りないのか、スハ32やオハ35の姿を確認することができる。北海道の夏季輸送には、本州からも客車が応援に加わっていた。

3201レ 函館発札幌行き
急行「石狩」D51 45系客車ほか8連
1968. 8. 18　函館本線 仁山〜大沼

架線がまだ張られておらず、広々した感じの札幌駅で20:50の発車を待つC57型牽引の急行「利尻」。道都駅とは言え20:30を過ぎると旭川・小樽・千歳方面へ向かう列車は、急行を合わせても合計10本に満たず、駅ホームも閑散としている。

317レ　札幌発稚内行き
急行「利尻」C57　10・45系客車ほか10連
1967.10.9　函館本線 札幌

最北端の夜行急行「利尻」

　「利尻」は、戦後の宗谷本線では最も早く復活した優等列車で、1958年10月から札幌～稚内間の夜行準急として運転を開始している。札幌・旭川から稚内へのビジネス・用務客輸送が対象であるほか、夏休みには全国各地からの観光客で賑わった列車だった。「利尻」は1966年3月に急行に格上げされ、一般型客車での運転は1983年4月まで続く。この間、準急時代には3軸ボギーの1等寝台・座席合造車のマロネロ38が最後まで使用された列車としても知られている。

317レ 札幌発稚内行き急行「利尻」C55重連　10・45系客車ほか11連　*1968.8.1*　宗谷本線 抜海～南稚内　撮影　鈴木孝行

夏季輸送で客車が増結されたため、宗谷本線内をC55型重連で運転される下り「利尻」。2等車はスハ43系の北海道版といえる45系が所定だが、写真をよく見ると2・3両目がオハ62、4両目はスハ32である。札幌駅で並んで列車待ちをしていたのに、乗車した車両の背摺りが木製のオハ62では憤懣やるかたなしといったところか、それとも「座れただけでもいいので我慢しよう」のどちらだろうか。

急行利尻（1968.7 現在）

← 318レ札幌行き　　　　　　　　　　　　　　　　　　　　　317レ稚内行き→

			①	②	③	④	⑤	⑥	⑦	⑧
自2等・荷物	荷物	郵便・荷物	2等寝台	1B・2等寝台	指自1等	指2等	自2等	自2等	自2等	自2等
スハニ62	マニ	スユニ	ナハネ11	オロハネ10	スロ52	スハ45	スハ45	スハ45	スハフ44	スハフ44
旭川～音威子府	札幌～稚内	旭川～稚内	札幌～稚内							旭川～稚内

札幌発網走行き（札幌～北見間517レ急行「大雪5号」、北見から普通1527レ）　C58 10・45系客車ほか10連
1974. 9.16　石北本線 緋牛内～美幌

新製後20年以上経過しても傷みが感じられない端正な車体に、重厚なTR47台車を履いたスハ45系が列をなす先に、中間扉を採用したオロハネ10など軽量寝台客車群や郵便・荷物車が連なる"大雪くずれ"の1527レ。写真だけでは1960年前後に、全国各地の幹線路線で見られた夜行急行といった感じだ。なお、夜行「大雪」の号数番号は1973年10月から写真データのように5―5号に変更されている。

急行大雪5―5号（1974.7現在）

← 1528 ～ 518レ 札幌行き　　　　　　　　　　　　　　　　　　　　　　　　　517 ～ 1527 レ網走行き→

		①	②	③	④	⑤	⑥	⑦	⑧	⑨	⑩
荷物	郵便・荷物	B 寝台	B 寝台	A・B等寝台	指G	指	自	自	自	自	自
マニ	スユニ	オハネフ 12	スハネ 16	オロハネ 10	スロ 54	スハ 45	スハ 45	スハ 45	スハフ 44	スハ 45	スハフ 44

札幌～網走　　　　　　　　　　　　　　　　　　　　　　　札幌～北見

末端区間は普通列車になった夜行急行「大雪」

　中間の夜行区間だけが急行であることで知られていた「石北」改め「大雪6―6号」は、1970年10月改正で始発駅が函館から札幌に変更されが、下り方の北見～網走間は相変わらず普通列車のままで残された。末端になる同区間を急行のままガラガラの状態で走らせるよりも、地域の初発・最終列車として通勤・通学など地元の利用客に開放した方が合理的というのが理由である。もちろん利用客が乗車券または定期券だけで乗車できるのは普通車自由席だけだった。この普通列車は鉄道ファンの間では"大雪くずれ"と呼ばれたが、編成そのものは北見回転の普通車2両が外されるだけで、グリーン車や寝台車を連結した堂々たる編成は変わらなかった。また、北海道内から蒸機牽引急行が姿を消した1971年10月以後もC58型が牽引し、年間を通して撮影が可能な時間帯を走ることで、撮影に訪れるファンも少なくなかった。中・長距離輸送の中核を担い、まだまだ元気だった半世紀前の北海道鉄道シーンである。

札幌発網走行き(札幌〜北見間517レ急行「大雪5号」、北見から普通1527レ) C58 10・45系客車ほか10連　*1974. 9.16*　石北本線 呼人〜網走

172ページと同じ列車を終着駅に近い地点で撮影した写真。旧網走本線の一部として開通した北見〜網走間ではD51型が入線できないため、客貨列車ともC58型が牽引にあたる。同区間は全体としては平坦路線だが、C58型では現車10両は単機牽引で厳しいのか、煙を一杯に吐きながら力走する。それが蒸気機関車の魅力の一つだが、その終焉は刻々と迫りつつある。

記憶に残る普通旅客列車

　本書では特別章の「オリエントエクスプレス」を除き、国鉄時代の1960年代から80年代半ばにかけての客車優等列車の活躍を写真で振り返ってきた。しかし、一般型客車が優等列車で活躍していた時代は、客車普通列車も、現在のJR各社で見られる電車や気動車の普通列車とは比べるべくもなく、輸送のうえで重要な役割を担っていた。ここでは、1960年代半ばに活躍をした3本の列車を取り上げる。

■**東京～姫路間 143列車**　東海道新幹線開業前の1963年7月時点で、在来線の東京～大阪間を通す普通列車は2往復設定されていた。何れも夜行区間を抱え、そのうちの143レは東京発14:56➡大阪着 4:50➡姫路着 6:52の時刻だった。大阪での時刻は多少きついが、特別料金なしで移動できることでエコノミー指向客から人気があった。静岡県内の沼津～静岡間では帰宅客の利用で混雑することでも知られていた。

■**鳥羽～名古屋間 242列車**　1965年1月当時、名古屋～鳥羽間には蒸機牽引による快速列車2往復が運転されており、最速の鳥羽行き241レは同区間を2時間41分の俊足で結んでいた。写真の242レは鳥羽発7:36➡名古屋着10:50だった。当時は並走する近鉄電車は宇治山田が終点だったので、国鉄は鳥羽直通をキャッチフレーズとして対抗していたのだった。

■**天王寺・和歌山市～名古屋間 914列車**　気動車時代の特急「くろしお」と同様の南紀一周の普通列車。1965年1月時点の時刻は、天王寺発22:40・和歌山市発23:21➡新宮着 5:07➡名古屋着12:34だった。上りの夫婦列車というべき911レは新宮止まりで、新宮～天王寺間の夜行には気動車列車が仕立てられていた。のちに上下とも寝台車が連結され、「南紀」～「はやたま」の列車名が付けられた。

143レ 東京発姫路行き普通　EF58 32・35系客車ほか　*1963. 8.20*　東海道本線 東京～新橋

東京発車後、有楽町付近を行く143レ。長大編成も普通列車らしく1等車は1両だけで、それも二重屋根・固定クロスシートのスロフ30である。東海道線列車だからといって忖度はなく、32・35系が中心に組成されている。

242レ 鳥羽発名古屋行き快速　32系客車6連　*1965. 1. 6*　紀勢本線　松阪〜六軒

C57型牽引の242レ。快速と言っても全区間で半数の駅に停車するので、スピードは速くなかった。初詣輸送で近鉄電車に対抗するため、名古屋鉄道管理局内の旧並口、オロ35やオロフ32を動員し2等車代用で運転するといった出血サービスだった。

914レ 天王寺発名古屋行き普通　10・32・43系客車ほか9連　*1965. 1. 6*　紀勢本線　松阪〜六軒

DF50型が牽く南紀一周の914レ。和歌山市始発車は新宮で切り離されている。914レの座席車は竜華客貨車区の所属で、急行「大和」や紀勢本線準急にも使用されるため、普通列車としての質は良かった。1等車は転換クロスのオロ35。機関車次位に連結されている17m級二重屋根車オハ31がどこへ行くのか気になるところである。

【著者プロフィール】

諸河 久 （もろかわ ひさし）

1947年東京都生まれ。日本大学経済学部、東京写真専門学院（現・東京ビジュアルアーツ）卒業。
鉄道雑誌「鉄道ファン」のスタッフを経て、フリーカメラマンに。
「諸河　久フォト・オフィス」を主宰。国内外の鉄道写真を雑誌、単行本に発表。
「鉄道ファン／CANON鉄道写真コンクール」「2021年　小田急ロマンスカーカレンダー」などの審査員を歴任。
公益社団法人・日本写真家協会会員　桜門鉄遊会代表幹事
著書に「カラーブックス　日本の私鉄3　阪急」・「オリエント・エクスプレス」（保育社）、「都電の消えた街」（大正出版）、「総天然色のタイムマシーン」（ネコ・パブリッシング）、「モノクロームの国鉄蒸機　形式写真館」・「モノクロームの国鉄情景」（イカロス出版）、「モノクロームの私鉄原風景」（交通新聞社）など多数がある。2021年2月にフォト・パブリッシングから「185系　特急電車の記録（共著）」を上梓している。

寺本光照 （てらもと みつてる）

1950年大阪府生まれ。甲南大学法学部卒業。小学校教諭・放課後クラブ指導員・高齢者大学校講師を経て、現在はフリーの鉄道研究家・鉄道作家として著述活動に専念。
鉄道友の会会員（阪神支部監事）。
著書に「国鉄・JR列車名大事典」「これでいいのか夜行列車」（中央書院）、「新幹線発達史」「国鉄・JR関西圏近郊電車発達史」「国鉄・JR悲運の車両たち」（JTBパブリッシング）、「ブルートレイン大全」「国鉄遺産 名車両100選」（洋泉社）、「JR特急の四半世紀」「国鉄・JRディーゼル特急全史」（イカロス出版）、「よみがえる583系」（学研パブリッシング）など多数がある。

【ページ構成・写真レイアウト】
諸河 久

【列車解説・掲載写真キャプション・編成図作成】
寺本光照

【作品提供】
高橋正雄・岩沙克次・林 嶢・篠崎隆一・鈴木孝行・加地一雄・前田信弘・守尾 誠・松井 崇・奥野和弘（順不同）

【編集協力】
田谷惠一

【モノクローム作品デジタルデータ作成】
諸河 久

国鉄旅客列車の記録
（こくてつりょかくれっしゃきろく）

【客車列車編】
（きゃくしゃれっしゃへん）

2021年9月2日　第1刷発行
2022年2月15日　第2刷発行

著　者……………諸河 久・寺本光照
発行人……………高山和彦
発行所……………株式会社フォト・パブリッシング
　　　　　　　　　〒161-0032　東京都新宿区中落合2-12-26
　　　　　　　　　TEL.03-6914-0121 FAX.03-5955-8101
発売元……………株式会社メディアパル（共同出版者・流通責任者）
　　　　　　　　　〒162-8710　東京都新宿区東五軒町6-24
　　　　　　　　　TEL.03-5261-1171 FAX.03-3235-4645
デザイン・DTP………柏倉栄治（装丁・本文とも）
印刷所……………新星社西川印刷株式会社

ISBN978-4-8021-3284-8 C0026

本書の内容についてのお問い合わせは、上記の発行元（フォト・パブリッシング）編集部宛てのEメール（henshuubu@photo-pub.co.jp）または郵送・ファックスによる書面にてお願いいたします。